リーダーが優秀なら、組織も悪くない

チームの成果を最大にするミドルの力

Hiraoka Yoshiyuki
平岡祥孝
札幌大谷大学教授

PHP研究所

まえがき

「リーダーが優秀なら、組織も悪くない」

本書のタイトルとしたこの言葉は、二〇〇三年公開の『踊る大捜査線 THE MOVIE2 レインボーブリッジを封鎖せよ!』の中で、犯人らを追い詰める圧巻のシーンにおいて、織田裕二扮する青島刑事が発したキメ台詞です。

私は、この台詞は、組織の本質を見事なまでに突いていると非常に共感し、心に刻んでいます。なぜならこの一言は、

① リーダーの一挙手一投足や片言隻語は、一般的には批判や非難の格好の標的となる。

② 個人にとって組織は、通常、窮屈であり、ましてやリーダーが凡庸以下なら、組織は悪魔と化す。

という、下から目線で見た組織の前提を、快刀乱麻を断つごとく見抜いた命題だと思う

からです。

私たちはよく、自分たちのリーダーについて、

「わかってないのによく言うよ」

「あいつは無能すぎて困る」

「上のごひいきで偉くなっただけ」

などと言っているはずですし、

組織については、

「あんなゴマすりを重用しているようでは、うちも終わったね」

「上の連中は忠誠心ごっこに走って、自己宣伝と足の引っ張り合いばかりでどうしようもない」

などと言って、不満を表明しています。

なぜにこのようなことが、世に言う〝あるある〟になってしまっているのか？

答えは単純明快です。

「上に行くほど組織はおいしい」からです。

上司となるまでは正義派だったよき先輩でも、人事と予算を握り、フリンジベネフィット（現物給付）という禁断の果実を一度手にしたならば、それを手放したくなくなる。心の中で抵抗を覚えても、勝ち馬に乗るべく、〝思惑・打算・忖度〟からの言動となり、雉も鳴かずば撃たれまい、寄らば大樹の陰、長いものには巻かれろ、と表されるように保身的になるのです。

もちろん、出世の階段を上っていくにつれて、責任もより重くのしかかってきますから、辛いことや苦しいことにも数多く直面します。経営状態が芳しくない時の期末決算時期などは、責苦と言ってもいいほどでしょう。それでも、健康上の理由でもない限り、自分から「職を辞します」と言う人はまずいない。やはり、「下にいるよりはまし」なのです。報酬云々の問題だけではありません。これは、私が長らく勤めてきた大学という組織でも同じこと。研究・教育という美名に隠れているものの、権威や権力を求めるために、地位への執着は企業以上かも知れません。

人間が集団で狩猟をするようになって以来、このような問題は存在し続けてきたのでしょう。しかし、それを逃れて生きていくことが出来た者は、極めつけの例外はともかく、ほとんどいなかった。そしておそらく、組織に属する方が、安全で楽だったのでしょう。それはこれからも変わりません。

私たちは、組織という縛りの中で生きていくようになっているのです。

さてそこで、稀にはあるであろう、すばらしい組織、魅力あるチームというものは、その縛りが、公正さという観点で、属する人たちにとって納得ができるものなのではないか……。そのように考えて本書のケーススタディを創ってみました。

課長という中間管理職のリーダーを主役に置き、人間味を出してあまりに聖人君子にならないように心掛けたつもりです。登場人物はアトランダムなので、続き物ではなく各話独立の読み物としてお楽しみください。

誰もがどこかで窮屈だと感じている「組織」の中で、リーダーが、どのように「縛られ」、どのように「縛り」、そして上司と部下ともに納得感に溢れた人の集団を築いていくかの参考になればと思っています。一介の学校の先生が描いた「心熱きミドルへの想い」を、ご一読いただければ幸いです。

リーダーが優秀なら、組織も悪くない◎目次

第三章 範となる

第四章　意識を変える

第五章　ミドル進化論

装丁　神長文夫＋坂入由美子

第一章
頼りにされる

1 冷静でなければリーダーではない

まずはH課長と部下のA係長、B係長との会話から。

A係長 課長どうでしたか。我々の提案は通りましたか？

B係長 大丈夫ですよね。実態分析を踏まえた説得力のある提案になっていると思いますから。

経過についても、課長が部長に欠かさず報告していて、感触も良かったんでしょう？

H課長 うん。多分大丈夫だと思うよ。部長は耳を傾けてくれていた感じだったからね。事あるごとに改革が必要と言っているのだから、認めてくれるだろう。課全員で作り上げた改革提案だったから、自信を持って説明することが出来たよ。二人には心から感謝しているから。

A係長 いいえ、どういたしまして。うまくいけばいいですね。連休も出勤しての突貫工事でしたから。

B係長　とても密度の濃い仕事でしたね。よくこれだけの短期間でやれたものです。

H課長　皆が残業も厭《いと》わずやってくれたからだよ。このままいけば、来週の部会議で正式に決まることになるだろう。

A係長　他の課はどこも及び腰で、H課長しか頼める人がいなかったみたいですよ。苦労したかいがありましたね。

ただ、ちょっと気になるのですが、部長はいろんな人に話していたようです。秘書室からの情報では、役員室にも足繁く通っていたそうですよ。

まあ、いつもの部長のパフォーマンスでしょうけど。

H課長　そんなことは気にしない気にしない。よいものは認められることを信じてさ。

しかし、部会議前日の夕方。

K部長　明日の部会議には、やはり従来どおりの計画で臨むことにした。

H課長　えっ、なぜですか？

K部長　僕の総合的判断だよ。全体的なバランスの問題もあってね。

また、常務は早い結果を求めているから、この提案では意外に時間がかかりすぎる恐れもある。

H課長 それならば、最初に制約条件を指示していただきたかったと思いますが。

K部長 実はE課長、F課長の意見が消極的だったんだよ。調整しようとしてはみたんだけどね。やはり迂闊《うかつ》に上には持っていけないんだなぁ。

H課長 そういう意見もなぜ教えてくれなかったんですか。修正できたかもしれません。

K部長 まあねぇ。君の案だけでは出来レースと見られても困るし、部全体の調和も大事だから。

君は自分の課だけ見ていればいいかもしれないが、僕は部長の立場で見ているんだよ。

じゃ、これでこの話は終わった。これから常務との打ち合わせと、それから副社長のお供で重要なクライアントとの会食があるしね。もういいだろう。

H課長は課に戻って、怒りを抑えてあくまで冷静に、

H課長 総合的に部長が判断されて、提案は取り上げられないことになった。

私の力不足で、皆に迷惑をかけてしまったね、申し訳ない。

A係長　やらせておいてひどいじゃないですか。これじゃ納得できません。
まるでピエロみたいで、課長が可哀想ですよ。

B係長　そうですか……。昨年もこのようなことがありましたから、正直なところ心配していました。
やはり部長は、説明を聞いている振りをしていただけだったんですね。
でも許せませんよ。このハシゴ外しは。

課員C　本当に部長はひどいですね。
課長、元気出してくださいね。部長は上には弱いくせに、女性社員には横柄《おうへい》で本当に評判が悪いんですよ。昨日も、アルバイトさんを怒鳴りつけていましたからね。

派遣社員D　課長、でも私はタメになりました。
あれだけ仕事に没頭したことがなかったので。私は、仕事の楽しさを初めて経験させていただきました。

H課長　Cさん、まあ、そう言わないの。
Dさん、そう言ってくれれば、こちらもうれしいですよ。これからも助けてください。Ａさん、Ｂさん、結果は残念だったけど、このチームワークを今後も大切にしていこうよ。心機一転で、また明日から、明日から。

その後、Ｈ課長が廊下をうつむき加減で歩いていると、Ｊ部長と出会う。

Ｊ部長　やあ、相変わらずＨ君の課はよく仕事をしているね。Ｋ部長がうらやましいよ。

Ｈ課長　恐れ入ります。課員みんな本当によくやってくれています。

Ｊ部長　それは、君が先頭に立って頑張っているからじゃないか？　ああ、そういえば、何かは知らないが、常務が直接君の意見を聞きたがっていたな。君を買っているんだよ。それじゃ。

そして、Ｊ部長の部下のＩ課長（Ｈ課長と仲のいい同期）にも出会う。

Ｉ課長　聞いたぞ。Ｋ部長のいつものやり方だ。彼は徹底した減点主義者だからな。勝ち馬にしか乗らないし。口の軽いパフォーマンス男さ。

気分転換に明日の晩どうだ。鮨でも食ってゲン直しだ！

H課長 そうだな、気分転換に行くか。話は山ほどあるし。何だか今ね、お前のとこのJ部長にほめられたよ。

I課長 そうか、やっぱりな。見ている人は見ているんだよ。

職場の悪い習慣をあなたが廃止しよう

「講釈師見てきたような嘘を言い」という決まり文句がある。

せこい上司が部下の手柄を横取りすることはよくある。「成功すれば自分の手柄、失敗すれば部下の責任」とすることに何ら躊躇しない、悪徳かつ無能な上司ほど鋭い嗅覚をとぎすましている。ここ一番で獲物にありつくハイエナのごとし。

当初はリスキーなプランであると思って避けていても、上が少しでも興味や関心を示し始めたならば、奴は俄然張り切ってくる。それは、まさに「ホウレンソウを食べた後のポパイ」のようだ。「早くまとめろ」「どうなってるんだ」と、すかさず尻たたきが始まる。

こやつの生きがいは、親分と仰いだ上司にひたすら媚びへつらうことのみ。へらへらと薄ら笑いを浮べて、ご機嫌取りに明け暮れる。

ミドルであるあなたは、このような略奪・収奪お構いなしの「海賊野郎たち」になってはいけない。あなた自身が、これまでの悪習払拭《ふっしょく》の先駆者となるのだ。

あらためて「仕事とは何か」を問うてみたい。

たとえ困難な課題であっても、与えられた仕事に全力で取り組むことは、仕事人としてのモラルではないか。

「ここだけの話」と言って上層部の動向を「怪説」する瓦版屋《かわらばんや》ミドルはどこにでもいる。永田町を徘徊しながら、これはと思う政治屋（ポリティシャン）から裏話を聞き出して、したり顔で吹聴する政治評論家と瓜二つ。

また、小賢《こざか》しいソロバン勘定に長《た》けて、損得で仕事を引き受けたり、うまく逃げたりする、日和見ミドルも群生している。

そして、ただただ上にしか眼を向けない平目ミドルも回遊している。まさに職場は、枯れ木も山の賑わい。おぞましきかな人間社会。この世にエデンの園はなし。バルザックの『人間喜劇』をふと思い出す。

もちろんその実態を直視することは絶対条件。

ただし、旧き演歌のように「流されるままに」ではいけない。能力では太刀打ち出来ない、おバカな同僚の嫉妬、あるいはハゲタカ上司の思惑など意に介すことなく、結果から逆算する損得勘定とは無縁の純粋な仕事動機をどれだけ持ち合わせているか。それこそが、ミドルの仕事の真の原動力となるのではないか。

働く意味はここにありだ。ミドルは部下や後輩と共に一つの作品制作に誠心誠意取り組んで、初めて、今の自分の働く意味を確信する。

「人間はインセンティブの奴隷」ともいわれる。だが、不純なインセンティブで長続きするほど仕事というものは甘くない。不純物は捨てよ。老廃物は排出せよ。


トランプのジョーカーを無理やり引かされたような仕事であっても、火中の栗をポケットに突っ込まれたような仕事でも、一度与えられたならば、ひたすら精一杯努力して取り組むという素直な気持ちは、必ず外面に表れてくる。

「ああ俺はここまでか」「まあこのくらいでいいか」などと、自虐的な諦観や安易な妥協に陥ることなく、仕事の修羅場を体験して自分を成長させていくことを、ミドルのキャリアアンカーとしたいものだ。

「中年よ、大志を抱け。さすれば与えられん」か。

それにしても情けなやK部長。もはや軽蔑の対象にすらなる。

能力の無さに反比例した、充満した自尊心と自己愛だけで生きている。小心者ゆえ疑い深く、保身に走る傾向が強い。正論や論理に基づく反論に対して、まったくなすすべもないゆえに、肩書きとそれに付随した権限で押さえつけようとする。

加えて、誰かの意見を道連れにしたり、有力者や著名人との関わりをことさら強調するのも、せこい手段である。

賢いミドルは、うつけ上司をやり過ごせ。無理することなく、一歩前進、二歩後退でちょうどいい。

他方、失意にあるH課長の得たものは何か。

まず、E課長とF課長の本心を見破ることが出来た。H課長は、彼らを決して信用してはならないことを心に刻む。

人間洞察力を持たないといけない。悲しきことではあるが、敵か味方かを見分けることはある程度必要だ。厳しい言い方をするならば、通してこそ企画、受け入れられてこそ企画であって、通らなければただの思いつきに過ぎぬ。しかるに、彼らに誠実さのひとかけらでもあるならば、共に職場を同じくするものとして、部のためにもH課長に助言すべきは当然のことであろう。

E課長やF課長のような、この手のミドルは、「他人の不幸は蜜の味」を満喫する。

人一倍嫉妬心が強いゆえに、とりわけ有能な好敵手の足を引っ張りにかかってくる。揉み手、摺《す》り足に加えて、陰口、誹謗中傷はお手の物。K部長が消極的な姿勢を示すならば、それを増幅させていく言動をとる。

K部長とて自分にとって都合の良い意見ならば大いに取り入れる。ここに「悪の枢軸《すうじく》」が形成される。

「Hよ、どうだ。ざまあみろ」と、かの二人は必ずや含み笑いを交わしている。呉越同舟、合従連衡、何でもあり。だが、双方とも目は笑っていない。裏切りは世の常。今日の友は、明日の敵かも。

逆境の中で泰然自若として振る舞うことこそ、強いミドルの条件でもある。

H課長よ、愚痴は親友のI課長にだけこぼせばいいではないか。忍耐強くあれ。短気は損気。やたら不平や不満を言い回れば、端《はた》から見ていてみっともない。課のモラールを下げてはいけない。そのためには心機一転。気持ちの切り替えが何より大切だ。感情をいかにコントロールするかが問われることになる。

H課長のようなミドルが、仕事への熱き思いを発しつつ思いやりを持って接していけば、心ある同僚がこっそり助けてくれたり、必ずや部下や後輩がついてくる。

リーダーシップとフォロワーシップはワンペアだ。小なりといえども組織であれば、信頼に裏打ちされたチームワークは強固なものとなる。ミドルが発する心底からの「ありがとう」という言葉には、部下や後輩は心を動かされる。

雇用形態の多様化に関わらず、仕事での一体感を実感出来るとともに達成感を共有出来る職場なら、働きがいもある。仕事のモチベーションは、金銭報酬よりも無形の報酬か。

人間は心が納得しないと、本気になって働かない。納得しなければ、仕事への情熱も湧きはしない。若手ほど納得を求めるのではないか。

デジタル世代にとっても、仕事観はやはりアナログだ。居心地の良い職場でなく、働きやすい職場が必要。

仕事は必ず誰かが見ている。掃除の人、配達の人、警備の人……。これは不変の真理。愚直にまで正道を歩み続ける者は、決して孤立無援ではない。誰かが励ましてくれたり、誰かが手を差し伸べてくれる。それを信じて生き抜こうよ。またその姿を若手に見せていくことが大切なのではないか。

若手にも、仕事に純粋なミドルを目指して欲しいものだ。

2 会議を仕切れなければリーダーではない

急に開かれることになった明日の会議を控えて、H課長とK部長の事前打ち合わせの場面から。

H課長 時間的制約もあって十分ではありませんが、一応これだけの資料になります。再度お目通しいただきたく存じます。
それから一つよろしいでしょうか。

K部長 ああ、なんだねえ。またいつもの会議運営への注文かねえ。
わかってる、わかってる。余計なことや不必要なことは言うな、だろう？

H課長 恐れ入ります。ただ今回はいつになく重要な案件です。部全員の理解と協力が絶対に必要です。特定の課や担当者レベルでは無理です。
だからこそ、昨日になって急に設定された会議、それも16時始まりです。皆、予定を変更して、あるいは仕事を中断して、会議に臨むことになります。

説得力のある内容を具体的に提示して、是が非でも出席者に理解してもらわなくてはなりません。過去の経過説明よりも、まずは課題の提示を優先された方がよいのではありませんか。そうしていただかないと、必ずや不満が出るかと思います。私が資料の作成を担当したので、円滑に会議を進めていくためのメモも用意いたしました。もし必要があればお使いください。

K部長 ああ、わかった。まあ、とりあえずもらっておこうか。

だがねえH君、自慢じゃないが、会議の運営と人前で一席ぶつことには、多少なりとも自信があるんだよ。原稿なしでも1時間ぐらい簡単に話せるんだよ、僕は。君よりも数多く大きな舞台を経験しているし。要するに場数だよ。慣れだよ。君もまだまだだな。

H課長 はい、もちろん部長のこれまでのご経歴は承知しております。ただ資料作成中に、たまたま『徒然草』の「高名《こうみょう》の木登り」の一節を思い出したものですから。

K部長 準備万端は君の信条だろうが、いささか慎重すぎるのではないかねえ。それは臆病と紙一重かも知れないよ。

今回こそ、一気呵成《いっきかせい》にやらないといけない。僕は、経験に裏付けられた行動派を自認しているよ。最近は勘も冴えているし。

営業現場の実態も把握していることは、君も知っているだろう。先方は、わざわざ部長が足を運んでくれたといって、恐縮しているよ。僕の行動力には、営業本部長の常務も一目置いているんじゃないか。

まだまだ肩書きがものを言うんだよ。君はどう思う？

H課長　そうですね。誠に差し出がましいことで、申し訳ございませんでした。

それでは失礼いたします。

廊下を歩きながらH課長は思った。

――部長は明日の会議を安易に考えている。自信と過信を勘違いしているのではないか。甘いお人だ。本質的な部分を真に理解することなく、表面的なものに捉われる嫌いがある。

部下や後輩の部長評を聞いていると、会議を主催するたびに求心力が低下しているようだ。支えていくのに一苦労だ……。

そのとき、I課長と出会う。

I課長 よう、どうしたの。浮かない顔だなあ。

H課長 K部長に明日の会議資料のことで説明に行ったんだが、相変わらずの聞くフリと自慢話さ。データ確認の際には居眠りだよ。いくらなんでも失礼でしょう。

I課長 K部長はダメだよ。信頼度は限りなくゼロだね。いや、もはやどん底を突き抜けてマイナスに拡大中かも知れないな。

そういえば、K部長が君のことを「いつも俺に意見をする奴だ」と言っていたと、うちのJ部長が言ってたっけなあ。「意見の異なる部下を批判することが彼の趣味みたいなもんだ。いつも汗をかいているH君も苦労してるなあ」と同情していたよ。

部長連中も何度か助言はしたようだが、「柳に風」だったらしい。常務も、K部長のことは諦めているらしいよ。

H課長 毀誉褒貶《きよほうへん》は人の世の常、K部長の口には戸は立たぬ、か。そのうち誰も物を言わなくなることが心配なんだよ。

I課長 彼は本当に口の軽い人だから。でも明日の会議は見ものだな。部内最強の補佐役からさじを投げられた格好だ。多分失敗するよ。自業自得だな。

翌日、会議終了後、すぐさまH課長の部下のA係長とB係長が呆れて飛んできた。

A係長　何のための会議だったんでしょうね。何をしようとしているのか、私はどうすればいいのか、まったくわかりませんでしたよ。まさに五里霧中を体感しました。

H課長　本人は自己陶酔の世界に浸っていたね。やはり準備不足を露呈してしまったなあ。あれだけ脱線するとは思ってもみなかったよ。まさに想定外だった。嫌われても、丹念に資料に眼を通してもらうように強く言えばよかった。

B係長　それにしても、D係長は本当に横柄な態度ですよねえ。何であんな物の言い方をするんでしょうか。F課長に失礼ですよ。
それにつられてE係長も何ですか。F課長の言葉尻を捕まえて、しつこく質問攻めにするんですから。
まあ、二人とも直属のG課長をいつも無視していますからねえ。女性上司をバカにしているんですよ。

退勤間際になって、上席のF課長がH課長の席にやって来た。入社年次ではK部長よりも上だ。窓際族と陰では言われ、利に聡《さと》い者はほとんど接触しない。だが、H課長は若手社員の頃から変わらず親しくしている。

F課長 今日は疲れたなあ。
グルメなHさんのこだわりのコーヒーを飲みたくなって来ましたよ。
突然、お邪魔かねえ？

H課長 いいえ、どうぞお座りください。すぐに淹《い》れますから。

エチオピアンモカの味と香りを楽しみながら。

F課長 ところで、Kさんに代わってから、ああいう会議が続いているが、まったく困ったもんだ。今回もHさんが心配していた通りの結果だったね。

H課長 はい、残念ながら。
会議の後、K部長は「少しおしゃべりし過ぎたかな」と、笑いながら話されていました。何も感じておられないのでしょう。

F課長　ウーン、彼は学習能力がないね。

それにしてもDは勘違いしているね。つられて吠えるEはお調子者だなあ。

腹立たしいのはKさんがまったく注意しないことだよ。Dは直接Kさんに取り入って売り込んでいるらしい。本当に重用するのであれば、常識やマナーの欠如を注意するべきではないのかなあ。

あえてK君と呼ばせてもらうが、彼は、かつて僕の部下だったし、先輩の僕がいてはやりにくいだろう。しかしねえ、いつもは我慢しているが、今日はさすがに呆れたなあ。

H課長　意見を言うにも言い方は気をつけないといけませんよね。
D係長やE係長には、私も何度か遠回しに助言したこともあるんですが、馬耳東風なんですよね。

F課長　Hさんは、落ちこぼれの僕にもいつも気を遣ってくれて、いろいろ話しに来てくれる。また、食事にも誘ってくれる。うれしい限りです。

あなたは仕事もよく出来るし、部下からも慕われている。退職した人たちも、よくあなたを訪ねてくる。そういう風にはなかなかできませんよ。

能力ゼロ、処世術ゼロで惰眠《だみん》を貪《むさぼ》っているような僕でも、あなたのお役に立ちたいと思っています。

常務とは同期でね。今でも二人っきりのときは、俺お前の間柄さ。若いときにはさんざん悪さをしてきた仲だから。それから人事部長のN君は、大学のゼミの後輩です。

出世競争では周回遅れの名ばかり無能管理職だが、K、DやEのことは、常務とN君にはナイアガラ瀑布《ばくふ》のようにチクってある。

そして、部を立て直すのはあなたしかいないことも、十分に話してあるからね。見ている人は見ているし、知っている人は知っているということですかな。

それじゃ、また。コーヒーおいしかったですよ。

H課長　えっ、はぁ。失礼いたします。

部下の声を聞ける場が会議だ

「会議は踊る、されど進まず」とは言い得て妙である。

主催者が明確なビジョンと方針を持って、論点を提示していくことが必要だ。加えて、説明は丁寧に。

まずは、参加者全員の信頼関係に裏打ちされた日常的なチームワークが基盤となろう。

リーダーの能力として、リーダーシップを発揮しつつチームワークをこれまで、どれだけ育ててきたかが問われる。いわゆる信頼と実績のストック効果とでも言えようか。そして最後は衆議独裁でいい。進行役の「迫力」と「腕力」が決め手となる。

K部長はリーダー不適確者の烙印《らくいん》を押されて当然だ。幾重もの罪を犯している、ウルトラ・スーパー・プレミアム超A級戦犯である。ただし、反面教師としては非常に学ぶべき意味あるモデルの一つでもあるが。

まず、リーダー然と構えて人を見下すような態度を取ってはいけない。

上位職位に就けば就くほど、より謙虚になって勉強をしなければならない。よしんば聡明・叡智《えいち》の人であったとしても、それらを内に秘めつつ部下や後輩の中に溶け込み、彼らと苦楽を共にする。さすれば、知らず知らずのうちに部下や後輩の人望を集めることになる。「桃李《とうり》もの言わざれども下自《おの》ずから蹊《みち》を成す」と言うが、けだし名言である。

能力と人望を兼ね備えた部下・後輩に嫉妬してはならない。彼ら彼女らこそ組織の宝だ。掌中の珠として大切に接していかなければならぬのが、人の道よ。

裏を返せば、情けは人の為ならず。そして、意気に感じて動く部下には衷心《ちゅうしん》より感謝の意を表すこと。

老婆心ながら進言してくる部下の声には、耳を傾けること。そして、納得出来ることは素直に受け入れるべきである。「あの人に言っても結局はムダだな」と思われたら最後、二度と本音は話してくれない。人が離れていく。

それは商いと同じであって、一度不誠実な対応をすれば、お客様はただ去っていくのみ。耳を傾けるということは、簡単なようで案外難しいことである。


私の独断と偏見によれば、会議で質《たち》の悪い上司にはいくつかのタイプがあるようだ。カテゴリー化を試みてみよう。

最初から言い訳や弁解をしておいて、まさかの失敗のときには自己の責任を回避して自分だけ守りを固める「ハリネズミ上司」。

よくこれだけ他人のせいにするもんだなと呆れるぐらいに、理由を散々並べ立てる。だが一転、もしも成功すれば、この手の上司は、うって変わって自分の手柄とする。そして、その成功の原因は「私がやったからです」「私がいたからです」と、自画自賛を光ファイバー通信より高速で吹聴して回る。世はSNS花盛りゆえ、ホラ話はすぐに露見する。吹聴すればするほど、真の功労者からは見放され、二度と協力はしてもらえなくなる。「皆のおかげだよ」「〇〇君に助けてもらったから」と、他者への賞賛と感謝の気持ちを忘れてはならない。

もともと自分の考えなどなく、提案が粗雑で説明が下手なゆえに、伝えたいことがまったくわからない会議にしてしまう「ピーマン上司」。

右顧左眄《うこさべん》そして右往左往。変身に次ぐ変身。そしてとうとう、どういう結論となったのか、まったく不明な会議となってしまう。玉虫色の結論というのは、いかようにでも解釈できる。共通認識などとは、まったく隔絶したもの。一致団結する組織としての結集力は働かない。遠心分離機がフル稼働するのみ。

どうでもいいことを延々と話し続けたり、同じ内容を何度も繰り返したりする単なるおしゃべりな「メリーゴーラウンド上司」。

何が重要であるか、あるいは何がテーマかなど、吹っ飛んでしまっている。くるくる回っているだけ。失笑を買ってしまい、バカにされるのが落ちである。この手の上司は、まさにK部長のような饒舌家に多いのではないか。人間は得意なことで躓《つまず》くものだ。自重自戒を忘れてはならない。往々にして、自覚症状が無く学習能力ゼロゆえに、余計に困りものである。

仕事をするためには、「他人に認められる能力」と「人間関係の中で仕事をする能力」が必要となる。この事例のD係長のような人は、それをわかっていないし、教えてくれる人もいない。人望もスキルのうちでしょう。

老子の教えに従うならば、柔弱かつ謙下《けんか》であるべきだ。柔弱は剛強を戒《いまし》め、謙下は傲岸《ごうがん》不遜《ふそん》を戒める。己の分をわきまえて、万事につつましく控えめに、無闇に争ってはいけない。粋がって安物の刀を振り回していると、すぐに刃こぼれするよ。

老舗《しにせ》の不祥事も、経営者が分相応を忘れたからではないか。勘違いしてはいけません。「身の丈経営」が見直されるのも無理はなし。

もちろん主張すべきときには、役職に関わらず主張すべし。ただし礼儀と作法を忘れてはならない。

快・不快が敵味方の分かれ目。同じ提案であったとしても、甲君の発案なら賛成、乙君の発案なら反対。何ら不思議はない。人間は感情の動物だ。感情はときとして結論を導く。日本人は、後付けの理屈と後知恵が大好きだ。それゆえ、今なお長幼の序あり。

「文は人なり」というが、同じく「会議は人なり」だ。主催者の能力だけでなく人格までも白日の下にさらされる。大人の社会は結果がすべて。そうであるならば、よい結果を出すように努力すべきではないか。

何事も準備と過程を大切にしたい。そして最後はやはり上司の人間性か。

3 雰囲気を操れなければリーダーではない

部内課長会議の一場面から。

K部長　以上が新規事業計画の概要だ。おおよそは理解してくれたかとは思うが、何か質問はあるかね？

H課長　はなはだ失礼ながら、事前に部としての対応を考えたときに、修正意見や慎重な見方が出ておりました。しかしながら、内容は何ら変わっておりませんが。部長も、現状では非常に困難であるとの認識を示されておられたのではありませんか？

K部長　僕は容易だとは言っていないよ。困難だと言われればそうなんだけれども。ただねぇ、常務の考えでは、部一丸となってやれば目標達成は可能ではないかと。

H課長　常務が確信される根拠は何でしょうか。

お言葉ですが、あまりにも計画自体が漠然としているのではないでしょうか。その点について、部長はどのようにお考えでしょうか。

昨年も同様の案件があって、最後まで予断を許さず、苦労したではありませんか。実行が前提でも、慎重に議論を積み重ねる余地は、十分に残されています。

K部長 ずいぶん不安なようだが、役員会では、専務や常務も、いけるんじゃないかと言っていたよ。

I課長 過大な需要予測に基づいているのではないでしょうか。

来年のことすら不確実な状況です。やはり見通しが甘すぎるのではないでしょうか？

J課長 部長は部の責任者として、役員会ではどのような意見を言われたんでしょうか？

K部長 もちろん孤軍奮闘さ。自慢じゃないが、人前での説明や説得にはいささか自信があるから。

だけどねぇ、役員会の大勢は推進だから。

H課長 このままで部のモラールやモチベーションは高まるのでしょうか。私ははなはだ疑問です。

前回の会議でも申し上げた通り、事前に詳細なデータを整理して緻密《ちみつ》な分析を行うこと、および着手を前提とするならば、突発的な状況が発生したときには、臨機応変な対応が出来るように準備することについて、再度検討することが必要ではないでしょうか。

その時間はこれまでにもあったはずです。でも、何ら我々にお話がありませんでした。

J課長 なぜ会議を開かなかったんですか？

H課長の言われる通り、あらためて部内会議で詰めていくことを提案いたします。

K部長 君たちは、部長の僕のやり方に不満なのか！

I課長 不満とかではなく、我々は、よりよく実現する方法を提案しているんです。常務に対して、あらためて詳しく事情説明をしていただけませんか。

また、データの分析と実行可能性の検討にもう少し時間を必要とします。方法は我々に任せてください。どうですか。部長。

K部長 君たちに任せるといってもねぇ。役員会で説明した僕の立場もあるし……。

これで何とかならないかなぁ？

H課長 部長ご自身は、現時点においてこの新計画に賛成なのですか、反対なのですか？

本心をお聞かせくだされればと思います。

K部長　うーん……。まあね……。
次の予定が入っているので、今日はこれまでだ。ほとんど時間はないが、後日あらためてやろうじゃないか。

3課長だけで話し合いは続く。ほとんど愚痴に近い。

I課長　部長には困ったもんだ。また格好をつけて安請け合いをしてきたんだよ。
上役の誰にでもいい顔をしたがるのさ。支えようにも、これではお手上げだなあ。

J課長　どうやらまた企画室のDが画策しているとのもっぱらの噂だから。
十分に実行可能だって吹き込んでいるんだよ。Dは売り込みが上手だからねぇ。
孤立無援のK部長は、彼の甘言《かんげん》には弱いから。

H課長　いつも部内会議は虚しいね。
部長は自分の立場を認識していない。部の責任者としては優柔不断すぎる。部としての確固たる方針をもって、役員会に臨んでくれないと。

いつものことだけど、事前に部内会議で詰めておかないから、あっちにふらふら、こっちにふらふら。のらりくらりの八方美人・全方位外交はやめて欲しいよ。今の会議でも何が決まったのかまったくわからない。本当に意見が言いにくくてしょうがない。

このままでは、誰も物を言わなくなることが心配だ。若い連中もやる気を失くすよ。

I課長　この前は散々常務の批判をしていたよ。自分の方が能力があるかのように言ってたな。

部下に対しても、蜂のようにチクチクと陰口を言う。「H君は、部長の僕にいつも厳しい意見を言う」ってさ。悪口大好き人間だ。いつも聞くフリするだけの人がよく言うよ。

J課長　そんな人とは腹を割った話は出来ないね。

H課長が自席に戻ると、常務から直接に呼び出しの電話があった。

H課長　何かございましたか。直々のお電話で驚きました。

M常務　いつも君は頑張っているな。

秘書課のL係長が君の課のA係長と同期でね、よく君のことを聞いているみたいだ。

先日もね、彼女が君の下で仕事がしたいと言うんだよ。秘書課より働きがいがあると思ったらしい。これじゃ、我々も形無しだ。

部下から信頼され、敬愛されているとは、課長冥利《みょうり》に尽きるんじゃないか。部下からの人望を集めるのは何よりだよ。

H課長　恐れ入ります。私はただ、チームワークを心がけて課全体の一体感を保つように努力しているだけですが。A係長とB係長には、いつも助けてもらっています。

M常務　私の秘書も、よく君の話を聞いているそうだよ。仕事には厳しいけれども、話しやすくて相談や指導には親身になってくれるという評判だ。それに部下によくご馳走してあげるそうだね。

H課長　恥ずかしながら、趣味は外食なので、それに付き合ってもらっています。

M常務　ところで本題だが、例の新規事業計画について、君の率直な意見を聞きたいんだ。遠慮は無用だよ。

H課長　恐れ入りますが、もう少しデータに基づいた精緻な検討が必要かと考えます。

また想定されるリスクへの対策も不十分ですので、このままで着手したならば、問題発生時にはそれで手いっぱいになって、立ち往生する危険性すらあります。はなはだ失礼ですが、現状のままであっても、部一丸となれば事業遂行は可能であると、常務はお考えなのでしょうか?

M常務 そうは考えていないよ。

もちろん一丸となって新規事業に取り組むことは必要ですよ。役員会では、そのような意味の発言なら確かにしたがね。

しかし、そのためには、一丸となるための準備を速《すみ》やかに整えることが絶対条件だ。

H課長 私もまったく同感です。

ですが、K部長が常務のお言葉として話されておられましたので、お聞きしました。それで安心しました。

M常務 そうか、K君は私の意図をまったく理解していないな。自分に都合よく解釈したんだろうね。

「まず部全体をまとめなさい」と、私は彼に言った。そのためには、部長としての求心力を発揮しないといけないということを言いたかったんだけど。

専務も同じ気持ちだった。何度も失態を重ねているにも関わらず、彼には反省と改善の跡が見られないなぁ。部の立て直しを図らないといけないね。

ああそれから、僕の独り言だけど、人事異動も早晩あるだろうから、君もそのつもりで、心の準備だけはしておいてくれ。

それじゃ！

H課長　はい、失礼いたします。

H課長はあらためて思った。

――仕事は誰かが見ているものだ。そして人の口に上る。良きにつけ悪しきにつけ、他者にどこかで必ず評価されている。

でも、情熱と誠意をもって自分自身に恥じない仕事を丁寧にしていれば、何ら恐れることはない。陰口や悪口など気に留めることなく、過程を大切にして取り組んでいれば、結果は後からついてくる。

当たり前のことだが、打算や損得勘定で仕事をしてはいけない。部下や後輩には思いやりをもって接していこう――。

「ゆっくり急ぐ」心構えを身に付けよう

虎の威を借る狐。能力や自信のない輩《やから》ほど、威光や権威を笠に着る。水戸黄門の印籠《いんろう》よろしく、自分より上位職位の名前を挙げて、自分の言葉を発することなく、押し切ろう、乗り切ろうとする無能管理職のなんと多いことか。

会議を見ていると、何となくその人の力量や手腕が、評価の対象となる。とりわけ、会議を主催する立場に立つと、衆人環視の中に身を置くことになってしまう。

根回しや事前説明で大勢が決している出来レース、要するに会議が、正式決定という冠を得るための単なるセレモニーであってはいけない。

予定調和の某審議会のごとくであってはいけないのだ。角界の隠語でいうところの「注射」（八百長）なく、ガチンコ相撲の会議でなくては、何ら意味がない。

議論すべき点は徹底的に議論すべきであろう。論点を明確にして、一つずつ議論を積み上げていく必要がある。だから、心構えとしては、「ゆっくり急ぐ」のだ。

逆説的ながら、管理職は会議を主催して、会議を通して鍛えられていくのではないだろうか。若手はその姿を見ているものだ。

会議の雰囲気は出席者全員が作るけれども、雰囲気を良くするも悪くするも主催者・進行役次第。山本七平の『空気の研究』を持ち出すまでもない。雰囲気が悪ければ、当然のことながら実りある会議とはならない。

雰囲気を悪くする会議の主催者・進行役にはどんなタイプがいるだろうか。

まず、話すことが得意であるとか説明が上手であるとか、常日頃から自己過信している自信家ほどタチが悪い。本題に入る前にだらだらと前置きが続くならば、出席者にもイライラが募ってくる。

はたまた、誰もが既に聞き知っていることについて、自分の思い込みや自分勝手な解釈を織り交ぜながら長々と話されると、聞いている方は最初から集中力が途切れてくる。

そして、主催者自らの自覚症状がないままに、同じ内容を何度も繰り返し話されては、顰蹙《ひんしゅく》を買う。過去の成功体験や、いかに自分が優秀であったかなど、聞きたくもない自慢話を滔々《とうとう》と聞かされたならば、出席者は白ける。

あらためて言うまでもなく、フォロワーシップの裏付けなきリーダーシップは存在しない。いかに小さい組織単位であっても、それを率いるリーダーたる者は、メンバーの意見や指摘あるいは提案や提言に対して、謙虚に耳を傾けるべきである。

年齢と経験を重ねるにつれて、どうしても真剣に人の話を聴くことがなくなるようだ。それは、老害の始まりかもしれない。何を言っても無駄と思われてしまい、誰もが口を閉ざしてしまうことは、組織にとっては危機的状況と言える。それでは信頼関係が築かれることはなく、共通理解や共通認識を基盤とした組織体制を打ち立てることが出来ない。

明確な目標を持った組織があってこそ、初めて挑戦する態勢が整うことになる。

第二章

話をさせる

1

部下の話が聞きたくなければリーダーではない

A　課長、今よろしいでしょうか？

C課長　何？　今は午後の会議の資料作りで忙しいんだ。見ればわかるだろう。

A　申し訳ありません。

新しい業務のことでご相談したいことがあるのですが、少々お時間いただけるときは、ございますか？

C課長　相談と言ったってさ、新しい業務のことなら新入社員じゃあるまいし、やってみないとわからないことぐらいわかってるよね。

要はやる気だからさ。頑張ってくれよ！　この通り時間が無いんだよな、じゃ！

C課長はAに目を向けることも、デスクワークの手を止めることもなかった。

Aは思った。

――C課長は、部下のために時間を使うことはもったいないと考えているみたい。頑張れったって、頑張り方を教えて欲しいのに。上役が相手なら、会議中であろうが、商談中であろうが、いつでも仕事の手を止めて対応するのに。お気に入りのDさんやEさんなら、話しかければすぐ相手するくせに！　人によって対応が違うって、おかしいよ！――

Aは、せめて誰かに話を聞いてもらいたく、他の部にいる同期のBに連絡を取った。

A　最近ね、新しい業務のことでモヤモヤしてるんだ。

だいたい手順はわかってきたんだけれど、けっこう面倒で難しいんだ。すごく時間もかかるし。それにまだ、相当勉強しないといけないの。

C課長からは、早くそのエキスパートになれって言われてるんだけれど、要は頑張れ、頑張れだけなのよね。

昨日も遅くまで残業になってさ……。何だか不安になっちゃったんだよね。やっていく自信なくしちゃってさ。

B　最近辞めちゃったF先輩の気持ちがわかるような気がするのよ。
ウワー！　ガチな仕事の話だったのね。

また、例の彼氏が何かやらかしたかと思ったわよ。

でもさ、女性のキャリア形成とか、ワーク・ライフ・バランスとか、CSRとか、CSとか、やっと賑やかになってきたけど、女性、男性問わず皆、きちんと理解して納得しているか、私は内心疑問だったんだよね。

男社会をノビ～ノビと生きてきた管理職のオジサンたちなんてどう思ってるやら。
A　私も私で、最近まで「会社にお勤めすることが仕事」ぐらいにしか思ってなかったな。学生時代のキャリア教育なんかまったく役に立たないよね。
仕事をする意味なんて、あんまりマジメに考えたことなかったよ。

過去形で言うってことは、今は違うってこと？
B　心境の変化はいつからなの？
H課長と仕事をするようになってからかな。
A　その話聞かせてよ、この店は奢《おご》るからさ。
B　それではご馳走になりますか。

まずはね、前任のG課長時代の振り返りからね。

Aちゃんも知っている通りさ、G課長は誰にでもいい顔をしていたでしょう。自分にも甘かったし、部下にもさ。とりわけ女性の部下には甘かったもん。課長みずから始業間際の出勤でしょう。だから、遅刻やミスに対しても厳しく注意しないの。

仕事ぶりも、与えられたことを可もなく不可もなく処理していたって感じかな。言うこともコロコロ変わるし、期日に遅れてもお咎《とが》めなしだから、だらだらとやってた。

いい意味では家族的だったの。飲み会では、課長自ら幹事と主役を引き受けてくれて、いつも動物柄のネクタイをだらんと緩めて大はしゃぎ。

まぁ、楽と言えば、楽だったんだけどね。

A　居心地のいい課だったんだね。うらやましいな。

B　確かにね、「いい人」ではあったのよ。でもね、今だから言えるけど、仕事で頼りになる上司とはまったく思えなかったの。要するに冴《さ》えない課長だったの。
仕事の進め方や部下の指導に力強さや迫力がないからさ、仕事を通しての緊張感、充実感や達成感が全然なかったというわけ。

わかるよね?

A　うん、わかる、わかる、なるほどね。

それで、H課長に代わってどうなの? 優しそうな人だよね。

私はH課長とは挨拶を交わす程度だけど、笑顔で「さん」づけして声をかけてくれるの。

B　C課長だと、機嫌が悪いときは挨拶しても無視されるわよ。

まずね、G課長とは服装が違うの。

スリムな体型のH課長は、いつもダークスーツでしょう。それがまた上質の生地でさ、清潔感と何かしら上品さを感じるんだよね。

ビジネス現場では、服装も戦略じゃない。見た目も大事よね。

G課長は、体型には眼をつぶっても、服装が安っぽかった。ベルトがお腹《なか》に乗ってる感じだし、ネクタイやワイシャツの趣味もちょっと……。そんなことも仕事につながっていくのかなあ? シャープさが無いもんね。

A　Gおじさんの話はもういいからさ、H課長の仕事ぶりはどうなの?

B　すべてにおいて明確な目標を設定するわね。部下一人ひとりに対しても、一つひとつの業務に対しても。

そして、必ず、その仕事を何のためにやるのか、理由を丁寧に話してくれるから、やらされ感がない。指示や助言は具体的で説得的だし。単に「頑張れ」なんて言わない。

A でもね、仕事の過程への目配りと気配りは本当に細かいよ。

仕事に自信があるんだね。

上司としての雰囲気はどうなの？

B ともかく話しやすいの。

仕事のことは当然で、個人的な悩みや相談であっても、いつでもどこでもウェルカムって感じ。仕事中でも必ず手を止めて、相手の顔を見て聴いてくれる。何かあれば別室で向き合って話してくれるの。超多忙のときでも、必ず時間を遣り繰りして相談に乗ってくれるから。

一言でいえば、人間としての安定感があって、仕事が出来るミドル。

でも、チームリーダーとして、威圧的に仕事を引っ張っていくというのではなくて、部下と同じ目線に立ってサポートしてくれるから、部下の気持ちを仕事に向けさせていくことが上手なんだなあ。

A ミスしたり失敗したりしたら怒らないの？

B　部下のミスや失敗って、上司にとっては腹立たしいことでしょ。腹の底では「バカヤロー」「ドアホ」と吠えているかも知れないけれど、感情的なものの言い方はしないよ。
「なぜそうなったのかな」「これからどうしようか。良い方法がないか、君と考えよう」って。何かね、部下や後輩のかたわらに一緒にいてくれる感じよ。責任は決して部下に押し付けないしね。

もちろん手抜きが原因の杜撰《ずさん》な仕事は、担当者の責任が厳しく問われることは当たり前だけどさ。でも、必ずフォローはするね。

A　そういう変化が、Bちゃんの仕事観を大きく変えたのね。

B　そうね、仕事を通して成長したいと考えるようになったかな。
意識が変われば、仕事への取り組み方が変わってくるでしょう。何かあればH課長に相談できると思えば、チャレンジ精神も生まれてくるしね。サポートしてもらって結果が出れば、手ごたえを実感できるよね。

褒《ほ》められたり、周囲から感謝されたら、やっぱりうれしいじゃない。それがエネルギーになって、次の仕事にもポジティブに取り組めるようになる。

ようやく、仕事をするおもしろさを味わえるようになった感じ。

A　じゃあ、残業も増えたでしょう？

B　意外に残業は、たいしたことはないの。H課長は時間管理やスケジュール管理も能力の一つと考えているから、仕事への集中と時間の工夫を課の全員に呼び掛けているし、自ら実践しているよ。

H課長は早朝出勤で誰よりも早いの。警備員さんの話によると、わが社で一番みたい。それがわかると、不思議なもので自然に課全員が始業30分前には揃っちゃうの。

各々の仕事の状況を共有化させているから、どうしても残業が必要なときには誰かがヘルプしてくれるようになった。もちろん、私もするよ。

A　仕事への気持ちって、上司でそんなに変わるんだね。

私もH課長に相談してみたいなぁ。でも、部下でもないし変だよね？

B　全然、大丈夫だよ！

C課長には内緒で相談に乗ってくれるよ。退職した元上司や、転勤や異動した先輩や後輩も気軽に訪ねてきてるよ。課のみんなも私生活のことでも相談しているみたいなの。

でも、過剰に踏み込んでも来ないからさ。

外食が趣味だから、何かご馳走してくれるかもよ。

ピッチャーの長所を引き出すキャッチャーのようになろう

部下や後輩と誠実に向き合い、その成長を助けることなど、ミドルであれば至極当然のことではないか。しかしながら、これまた私の独断と偏見によれば、現実はそうではないことが多いように思われる。

ミドルに余裕がないのか。それとも能力がないのか。もともとその気がないのでは。何よりも「育って欲しい」という強い思いが必要である。

他方、学生と共に学びつつ教師も育つように、ミドルも部下に育てられるという謙虚な姿勢を併せ持たなければならない。統制と命令に基づくような、一方的な押し付け型の教育や指導をしても、部下はもちろん、何より自分のためにならない。何事も双方向のやり取りが重要だ。

ジェンダー意識の徹底が図られ、性差より個人差の時代となった今、女性だからどうのこうのではなく、目の前の相手を尊重し、期待し、信じることこそが、育てる前提条件ではないか。

仕事の過程を詳細に観察していて、適切な助言や助力を与える。

減点主義に陥らず、わずかであっても、その場その場で加点してあげることだ。焦らずに成長を待つ姿勢である。

自分の時間を使って部下の話を真剣に聴く。相談には可能な限り乗る。出来ることは最大限してあげる。出来ないことは、その理由を説明して納得してもらう。

一人の捕手がさまざまなタイプの投手の球を受けるように、部下の性格や気質あるいは能力は、一人ひとり異なる。それゆえ、ミドルは、部下一人ひとりに対して個別の対応をしなければならない。スピードやコントロールなどから、捕手が先発投手の今日の最も有効な勝負球を探っていくように、さまざまな角度から部下に質問を投げかけて、仕事上の問題点や本人の課題を絞り込んでいく。

すなわち、ミドルは、観察眼に優れた聞き上手そして質問上手にならなければならない。

そして、学生が「この先生の下で学びたい」と思うように、部下や後輩が「この人についていきたい」「この人と仕事がしたい」と、本当に思ったときから、すべては始まる。この関係性を構築するまでは、ミドルは、部下一人ひとりの仕事基盤を整えることに力を注がないといけない。

ある意味、ミドルは部下サービス業とも言えるのではないか。

見せかけだけの仲良しチームを作り、それを求心力や統率力のなせる技と勘違いしている能天気ミドル。

やたら高圧的な態度で抑え込んでいるものの、内実は面従腹背《めんじゅうふくはい》の部下だらけで、一皮むけば、不満が鬱積《うっせき》しているとは露ほども知らない独裁主義ミドル。

自分が抜きん出て優秀だと思い込み、部下を見下す唯我独尊ミドル。

口先だけで不誠実な本心は見破られていて、軽蔑されているにも関わらず、自分では部下を思い通りに動かしていると錯覚している哀愁ミドル。

部下を奴隷のように酷使しておきながら、まるで感謝をしない冷血ミドル。

私自身のささやかな経験からも、愚かなミドルが誠に多い。

ある有名なシェフは「人間関係はフォン・ド・ヴォーと一緒だ」と言った。

時間をかけてじっくり材料を煮込むことで、料理にとって価値ある旨み成分が出来る。

部下や後輩を育てる場合にも、時間と手間を惜しんではならない。

ここに「育てる経営」の原点がある。すべての結果は行動から生まれる。ミドルならば、部下が望んでいる結果を生み出せるように導いていくことを使命とせよ。正しい努力は決して裏切らないから。

2 部下の悩みに寄りそえなければリーダーではない

B　H課長、今お忙しいですよね？
H課長　いいですよ。どうぞ。何かあったの。
ごめん、あと1行だけ書かせてね。ちょっとそこに座っててください。
B　お邪魔でしたら、あらためてでもいいんですが。別に急ぎませんので。
H課長　もう終わるから、大丈夫だよ……。
やれやれ。お待たせしました。どうしました？
B　私の同期のAさんをご存知かと思うんですが。彼女、入社式で隣りになって以来親しくなっちゃって、今では数少ない同期の中では最も親しい友人なんです。
H課長　ああ、Aさんね。挨拶する程度なんだが、知ってますよ。
B　実は彼女、仕事のことで悩んでるんです。失礼を省みずお願いします。落ち込んでいる彼女の相談に乗っていただければ有難いのですが。

私がH課長に話してみたらと、差し出がましいアドバイスをしちゃって。ご迷惑かとは存じますが。

H課長 えっ、そうなの。そういえば、今朝、久しぶりに顔を合わせたけれど、あまり元気が無かったなあ。そのせいなのか。

Aさんの話はここではなんだから、Bさん昼休みでしょ。一緒にお昼はどうですか。パスタを食べに行こうと思うんだけど。

職場から少し離れた、小さいながらも雰囲気のあるイタリアンレストランで。

B Aさんは仕事にも行き詰まっているようですし、C課長との人間関係もうまくいってないようです。

課長、何とか話だけでも聴いてやっていただけませんか。そうすれば、少しは気持ちも楽になると思うんですが。

H課長 僕に話して気が晴れるなら、いくらでも聴きますが。

でも、もしC課長にわかったら、Aさんが困ったことになるから注意しないとなあ。

C課長は、上司や部下の行動をとかく気にする方でしょう。中傷されたのか、と思うかも知れないし。

B そうですね。課長にも「お節介なヤツだ！」と、とばっちりが来るかも知れませんよね。

やっぱり無理でしょうか？

H課長 いやいや、そういえば前の課にいたIさんも、確かあなたたちの同期だったよね？

B はいそうです。私もAさんも、Iさんとは仲良しです。

H課長 じゃ、彼女にもちょっと助けてもらおう。

同期の夕食会に僕がたまたまお邪魔した形にすれば、どうだろうか。万が一、C課長に知れても大丈夫なんじゃないかな。

社内には、〝くノ一〟もいるからね。何事にも用心しないと。

もちろんご馳走しますよ。

B ありがとうございます。二人ともきっと喜びますよ。

それから数日後の夜、とある創作中華料理店で。

I　H課長とお食事するのは久しぶりですよね。課長はあんかけ焼きそばと杏仁豆腐に眼がないから、たぶん中華かなと予想していました。

H課長　今夜は、以前一緒に仕事したIさんや、立ち話ばかりでゆっくり話したことのないAさんと食事が出来てうれしいですよ。さあ、食べましょう！

B　課長、私は付け足しですか？　これでも自称、H課長秘書のつもりなんですけど！

H課長　ご免、ご免。Bさんはいつも仕事でお世話になっているので、ちょっとしたお礼のつもりです。デザートには〝大学イモ〟もお願いします！ところで、Aさん、最近の仕事はどうなの？

A　新しい業務を任されたんですけど、何だか自信がなくて。正直迷っています。

H課長　それはいけないね。親しい同期ばかりだし、差し支えなければ話してもらえませんか。

I　そうだよ。聴いてもらった方がいいんじゃない。溜めちゃダメだよ。

B　今日のメインはAちゃんよ。話すだけでも気が楽になるからさ。

A　ありがとうございます。
派遣さんとアルバイトさんが長年担当していた業務だったんですが、それがご存知のように派遣さんたちが突然打ち切りになって急に振られてきました。

事前に少しずつでもそれに関わっていれば、また違ったかも知れませんが。引継ぎもほとんど無いいままだし、今までとはあまりにも違う仕事で不安なんです。

C課長に相談しても「やる気を出せば何とかなる」とか、不明なことを尋ねても「新人じゃないんだから、常識で考えればわかるんじゃないの」とか、向き合って指導してくれないんです。要するに私は嫌われていると思います。

AI　今度の仕事の業務マニュアルはないの？

A　一応あることはあるの。でも、やたら抽象的で、読んでもどうすればいいのかわからないの。万が一ミスでも起こせば、チームの足を引っ張ってしまうし、C課長からは死ぬまでネチネチ嫌味を言われそうでしょう。もう続けられないかなと思っています。

H課長　そうか、なるほどそれは不安になるよね。
でもマニュアルの件はね、それは作成担当者の自己満足だけのマニュアルだよ。具体的な手順を平明かつ丁寧に記述しておかないと、後任の人は戸惑うでしょう。

ましてや初めての人ならば、なおさらでしょう。
今度のAさんの仕事って、前の課でIさんたちと一緒に作ったマニュアルが役に立つんじゃないの。誰にも出来るようにと、課でいろいろと考えたんだったよね。多少はわかりやすいんじゃないかなあ。Iさんにいろいろこっそり教えてもらえばいいよ。

I そうですよ。Aちゃん、貸してあげる。いつでもメール頂戴よ。ただし、授業料は高いよ！

A ありがとう。助かるわ。Iちゃん、ランチはお任せください。

B Aちゃん、よかったね。持つべきものは友達ね。

H課長 この業務は、確かに最初は誰もがてこずる。なかなか手間がかかるんだよね。だけど、Aさんなら、ひと通り経験すれば、後は工夫次第でスピードアップ出来ると思うよ。
C課長はさしたる知識もなく、また興味が無いから真剣に教えないんじゃないのかな。
この業務って短期的に結果が問われないから、C課長にすれば、部長へのアピールにならない地味な仕事でしょう。

そういう意味では、逆に細かいチェックは入らないよ。小さい目標を設定して少しずつ進んでいけばいいんじゃない。

表向きには一心不乱に仕事をする振りをして、実はマイペースでやってみたらどうですか。余裕を持って、ミスの無いようにね。

真面目なAさんのことは、周囲もきっとサポートしてくれるから。

お給料をもらって新しい仕事に挑戦することを、コツコツ楽しむぐらいの感じかな。

仕事の悩みと単なる愚痴は分けなければならないけれど、僕はどちらもお相手しますよ。話したいことがあればいつでもどうぞ。将来いつ一緒に仕事をするかも知れないしさ。

さあ今夜は、楽しくやりましょう。

A　H課長、ありがとうございます。少し頑張ってみる気になってきました。これからもよろしくお願いします。

Bちゃん、Iちゃん、ありがとう！

B　やっぱり、H課長に話してよかったね。

I　あーあ、実は、私のところのJ課長にも困っているんですよ。

これから私の愚痴も聞いていただけますか？　マグマのように溜まっていました。

H課長　噴火寸前のIさんですか。どうぞ、どうぞ。今夜の第二幕の始まり、始まり。ところでBさん、僕のことは僕の居ないところで存分にね。

自分から距離を縮めていくしかない

困難な仕事や面倒な仕事、あるいは不慣れな仕事や不向きな仕事に取り組むときこそ、仕事への姿勢から人それぞれの生き方が見て取れる。

「垣間《かいま》見の文学」といわれる『源氏物語』のように、周囲からそっと見られる、ちらっと見られるのである。

手抜きありきでは、同情の余地なし。だが、真剣に挑もうとすればするほど、かえって壁にぶつかったり、疑問が湧き出てくるのではないか。

そんなときこそがミドルの出番である。

ミドルは、部下や後輩のいわゆる達成動機を高めていかなければならない。

私の狭い視野での観察結果に基づくならば、達成動機の強弱にこそ、個人差が明確に現れるのではないか。やはり意志あれば道ありか、それとも意志薄弱の途中棄権か。これはスキル以前の問題でしょう。

挑戦心など持ち合わせていない無為徒食の輩が蟠踞《ばんきょ》している職場は、怠惰の竜宮城そのもの。業務改善や職場改善などの提案や意見など出るはずもなし。ただ「時の過ぎゆくままに」では、給料泥棒と言われますよ。そう言われながらも、居座る厚顔無恥さ加減も、才能と言えば才能だが。

「ネガティブにとらえないでポジティブに考えよう」などとは、とてもおこがましくて言えません。要するに、何か問題が発生したときに、避けたり、逃げたりしないで、自ら一歩前に出て、悪戦苦闘しながらも、解決に向けて取り組むか否かでしょう。

結果には原因があり、結果は行動から生まれる。ならば、良い結果を出せるように努力することが当たり前ではないか。そのためには「良い行動＝成果」の方程式を解くことだ。それが出来るように仕向けていくのがミドルの天命かも。

もちろん、仕事の出来る優秀なミドルが部下や後輩の育成に力を発揮する、とは限らない。だが、サービスやホスピタリティの質の差は「人」で決まる。これからは人材基盤経営の時代ゆえ、現場に近いミドルの人を育てる力量と手腕がますます重要になってくる。鍛えられ方は十人十色であっても、間違いなく人は仕事で鍛えられる。

私の拙《つたな》い教師経験からすれば、今どきの学生を育てることは本当に難しい。推し量るならば、新入社員を育てることも、さらなる難事業ではないか。

イエスかノーか不明確。理解したのか、理解出来なかったのか、把握が困難。グレーゾーンの荒野が無限に続くかも。

接触頻度を高めて反応を注意深く探る必要がある。有機農業と同様に手間暇かけること。これもまた、いつもながらの私の独断と偏見からは、今どきの若者たちは感覚的に「共感」と「納得」を求めているように思えてならない。コミュニケーションのあり方や距離のとり方に、ひと工夫、ふた工夫求められる。頭が痛いですなぁ。

仕事の鬼だけでは、恐れられて避けられる。清潔感、笑顔、優しさ、気さくさ、丁寧さ、ユーモア感覚等々、話しかけやすい雰囲気を漂わせなければならない。

ある人曰く「ミドルは天性の役者である」と。ビジネスシーンも与えられた舞台であるならば、ミドルも美しく舞ってみようよ。「ああ、人生も回り舞台」さ。仕事も人生のうちだよ。

3 自然に情報が入ってこなければリーダーではない

人事部が実施した社内研修が終わって、次回は「ダイレクト・トーク」（新社長との直接対話）を開催することが各部長に伝えられた。そのため、各部単位で業務効率化と組織活性化に関する提案を準備することになった。各部では、その提案を検討すべく課長会議が招集されることになった。


K部長　社長には失礼にならないような提案をしないといけない。

　万が一にでも経営批判と取られたら、監督不行き届きの謗《そし》りを免れないからな。

　我々の立場が危うくなるぞ。

　そのためにも常務とC取締役に提案内容を事前に見ていただいて、ほどほどにまとまるように、ご助言をいただこうではないか。

　各課で取りまとめて僕に提出して欲しい。僕がそれを持って、お二人にお伺いを立てるから。


H課長　部長、よろしいでしょうか。

　恐縮ですが、そういう事前調整的なことはいかがなものでしょうか？

　新社長が望んでいるダイレクト・トークの主旨になじまないと思うのですが。

　また、役所の審議会のような内容と進行では、形式主義に陥ってしまいます。

現場の社員らの生の声を正直に届けた方がよいのではないでしょうか。

I課長　私も同感です。特に若い社員の声を代弁しませんか。発想が豊かです。

D課長　僕はそうは思わないなあ。

部長のおっしゃる通り、万が一、社長の気分を害することがあったら、部長だけでなく、我々の責任にもなるからねぇ。リスクがありすぎる。

K部長　H君はいつまでも書生的だね。何年サラリーマンやってるの。上から認められて引き上げられてこそのサラリーマン稼業でしょう。上から嫌われたら損じゃないの。

H課長　お言葉を返すようで恐縮ですが、それでは本当の現場の声がトップに届かないのではありませんか。

コミュニケーションを密に出来る風通しの良い職場環境を整備することが必要でしょう。その点、まだ改善の余地があるかとは思うのですが。

I課長　わが社の規模なら、それは十分可能ではないでしょうか。

今回の研修にしても、本当に有益な内容だったのでしょうか。ただ単に実施しているだけのような印象を受けました。

参加者の表情からも「また研修か」という感じでした。やらされ感が出ています。

研修内容も若手社員の要望を聴いて、検討していくことが必要ではないでしょうか。

D課長　E人事部長は、大学の先輩だ。部長批判ともとれるがなあ。不愉快だよ。

K部長　僕はいつでも君たちの話は聞いているつもりだが。何か不満があるとでも言うのかい。

社長は○○銀行から着任したばかりで、現場の諸君との関係を強化したいと考えておられる。それで最年長部長ということで、僕はC取締役から依頼されたんだよ。

取締役の頼みは断れないからな。役員に恥をかかすことは出来ないよ。


H課長　たとえ経緯がどうであれ、こういう機会は滅多にありません。

現状分析を踏まえて問題点を提示することから始めて、全社的な課題として取り上げていただくように訴えたいと思います。

もちろん優先順位は経営判断でしょうが、少しでも現場の声を聴いていただければ、皆、納得するのではないでしょうか。また、新社長の下での士気も高まります。実りあるダイレクト・トークを継続させていくためにも、各課の声をそのまま伝えましょう。

K部長　君ねえ、それは単なる理想論だよ。

暗澹《あんたん》たる思いのH課長は、I課長を昼食に誘った。

I課長　何だよ、まったく頭にくるなあ。K部長は本当に上のご機嫌取りしか考えていないなあ。D課長は、それに追従するだけのゴマすり野郎だ。やる気をなくすよ。

H課長　お見合いじゃあるまいし、良いとこだけ見せても後で困るのにね。

社長も耳障りのいい意見だけ聴いても意味が無いと思うけどな。

せっかくのチャンスなのに事前検閲じゃ、逆に若手は白けてしまう。「何を言っても同じなんだ」となってしまい、結局は物を言わなくなるさ。

I課長　それにしても今回の研修は最悪じゃないの。

K部長の挨拶がそもそものケチのつき始め。どうでもいいこと長々としゃべってさ。俺は博学だと言いたいんだろうけれども、話はあちこちに飛ぶし、支離滅裂。お陰で時間延長。「薄学」「薄識」のKだよ。

おまけに外部講師は声が小さいし、パワポの棒読みだから、誰も聴いてないし。

H課長　最近の研修内容は誰が企画しているのかねえ。僕も正直言って辟易《へきえき》してるよ。誰もが貴重な時間を割いているのだから、君の言う通り、有意義な研修にすべきだよ。優先的に各課で必要と思われる研修テーマについて、要望を出すべきだよ。部長には、そういうことにリーダーシップを発揮して欲しいもんだ。役員にも訴えて欲しいよ。

I課長　上に揉み手だけの調整型の限界だ。新しい試みなんて、いつでも抵抗勢力が邪魔するでしょう。満場一致、異口同音なんてあり得ないんだから、腹を括って前に出るしかないんだよ。でも、空《から》元気の小心者ゆえ、根回し、たらい回し、後回しが十八番《おはこ》だ。もはやそのリスクからの「逃げっぷり」はアートと化しているね。

H課長　この厳しい時代は、改良よりも変革じゃないの。そこに仕事のダイナミズムが生まれ、そして仕事への意欲に燃える連中が、創造的かつ主体的に取り組むモチベーションを引き出してくる。若手には失敗を恐れずに、チャレンジしてもらいたいからねえ。
　K部長はそこにいつも冷や水をかけてくるし、D課長は部長の提灯《ちょうちん》持ちだから困ったもんだ。

悪態をつくこともストレス解消法の一つ。そこにH課長の部下のFが来た。

F　あら、お二人で密談ですね？

H課長　どうぞ、どうぞ。食事は済んだの？

F　はい。でも、何だか研修で激しく疲れちゃって。スイーツでも食べようかなーと思ってたら、素敵な方々がここに……。

H課長　ハハハ、お世辞クィーン、わかったよ。なにがいいかな？

F　わぁー、じゃあティラミスでお願いします。

I課長　相変わらずあなたは甘党だなあ。トークは辛口なんだけど。まあFさん、僕なんかHと一緒のときぐらいしかケーキなんて食べないよ。この間なんかパーラーでパフェを付き合わされたしね。

F　I課長、それ何だか変ですよ。でも仲良しですね。今、漢字検定の勉強しているもので、四字熟語で表わしますと、一心同体ってとこですか。ひょっとして一蓮托生《いちれんたくしょう》？　まさか呉越同舟《ごえつどうしゅう》ではありませんよね？

H課長　まあまあ、使えば良いというもんでもないでしょう。ところでさ、Fさんも今日の研修は評価していないんだね。

F　最近の研修はどうして評判がよくないのかなあ？

だって、マニュアルか関連本を見れば、すべて書いてあることばかりでした。まじめに聴く必要がないので、お昼は何を食べようかなって、ずっと考えてました。隣の人はスマホで遊んでいましたね。

F　あっそうそう。今度、社長とのダイレクト・トークがあるんですか？

H課長　恐ろしいなあ、早耳だね。

まさにそのことでK部長とD課長と意見の相違があってさ。

それでI君とヤケ食いしてたのさ。

F　社長室のEさんやGさんとは親しいんです。さっき会って聞いたんですよ。K部長は社長に、何でもするからぜひお役に立ちたいって売り込んできたそうです。「またパフォーマンスが始まった」って、C取締役が怒っていたそうです。社長もK部長のパフォーマンスだと見抜いているそうですよ。

常務は同じやるなら「立ち技一本で、公明正大に」と、社長に進言されたようです。

K部長は、何かにつけて、社長室に来るようですよ。時々はD課長もくっついて。

I課長　何だよ、部長の話とはまったく違うじゃないか。

H課長　皆さんのネットワークには、あらためて驚くなあ。ビックリだ。でも教えてくれてありがとう。まあ、役員連中が、まだまともでよかったよ。

エレガントな外形は信頼を得る必須条件だ

仏作って魂入れずか。

企業内研修や社員教育は、実施内容が業績や成果に目に見える形で反映されないといけない。練習のための練習、勉強のための勉強ではいけないのと同様に、研修のための研修、教育のための教育であってはいけないのである。

部下や後輩の希望をどれだけ叶えることが出来るか。コミュニケーションなくしては、彼らの内なる声は聞き取れない。ここでミドルの真価が問われることになる。

ネットワーク中のネットワークは何かといえば、やはりそれは人のネットワークであるという主旨のことを、『メガトレンド』の著者であるジョン・ネイスビッツが指摘していたことを思い出す。

狭い見方を承知であえて極論すれば、従来型の男性中心の職場は縦型ネットワーク依存、女性はもともと横型ネットワーク志向と言えるのではないか。女性管理職が少ない職場ほど、縦型ネットワークが幅を利かせることになる。

だから女性はある意味シビア。千里眼を持つ辛辣《しんらつ》なアナリスト。彼女らに「部長みたいにはなりたくない」「課長は不潔で意地汚い」と思われてしまったら……と想像すると冷や汗が出ないだろうか。

たとえば研修内容や運営について彼女たちの深層心理を把握するためには、表面的な繕《つくろ》いのベールを剥《は》がしていく努力をしなければならない。

本音でトークは、一日にして成らず。そのためには、まずは外形だ。スーツやネクタイ、食事やお金の使い方そしてマナー、はたまたＢＭＩも。エレガントさが必要条件。要するに、何事にもお洒落感覚やセンスのよさが求められる。

昨今、とかく女性の戦力化や人材活用などの話題に事欠かない。もちろん、前述したように性差ではなく個人差が時代の潮流だが、男性ミドルの意識はいかに。

「女性の部下を営業現場に投入しようと思ってもね、お客さんが『何でうちには女が営業に来るの。軽く見ているのか』なんて言われるので、女性登用はなかなか難しい」という類の話を聞くことが少なからずある。ミドル自身の潜在的な女性観が露呈する瞬間である。

本当に女性の部下を育てたいなら、顧客が安心感や信頼感を抱くまで、徹底的なサポート、バックアップを惜しんではいけない。人は使ってみないとわからないのでは。人材登用も試行錯誤。実績がなくても期待出来るから抜擢なのでは。
ただし、仕事の出来るミドルが女性の部下育成に力を発揮するか否かは、別問題だ。部下は上司を選べない。それゆえ、研修や社員教育は、各自のワーク・モチベーションに訴えかける内容でないといけない。励ましと動機づけが成長のエンジン。それは人それぞれ。さすればマス型の画一的研修を見直せばよいだけのこと。担当者の自己満足で教育の方向性を誤るならば、インプットやアウトプットはあっても、アウトカムはゼロ。

また、多少荒削りであっても、稚拙であっても、熱血漢や情熱家の若手の意見や提案にも耳を傾けてやる。

「アメリカが真珠湾を攻撃して太平洋戦争は始まったんですか」と、真顔の大学生の質問にも、「そうじゃないよ。日本が真珠湾に奇襲攻撃を仕掛けたからだよ。真珠湾はね、ハワイ諸島のパールハーバーの日本語訳だよ」と、笑顔でやさしく説明する大学教師のように（これまでの教師人生で忘れ得ぬ思い出の一つ）。忍耐と顔施《がんせ》こそ、コミュニケーションの極意かもしれない。

直言されると、露骨に不快な表情を見せるミドルは、職場の雰囲気を悪くする元凶だ。それだけで、上司と部下の人間関係は終わってしまう。誤った対応は間違った行動を生む。それは因果応報。

組織活動とは、構成員各人の行動の集合体である。それゆえ、「マネジメントもビジネス」という言葉は、一人でも部下を持つ身になってみれば肝に銘じておきたい。ミドルは、各々の持ち場でプロフェッショナルな精神を発揮していこうよ。

第三章

範となる

1 部下のやる気を殺ぐ者はリーダーではない

Aは、若手社員に斬新なアイディアの提案を促す「フレッシャー・プロポーザル」制度に沿って、入社後初めて企画提案をK部長に提出することになった。

ゴールデンウィークから取り掛かり、G課長やI係長から助言を受けながら、ようやく完成させた。A自身は、自分なりに精一杯頑張ったと思っている。

いつも社長は入社式や研修会などの場で、「失敗を恐れることなく、積極的にチャレンジする社員になって欲しい」旨を述べている。また、K部長も、「私の部では、社長の意向に沿うべく『フレッシャー・プロポーザル』を率先して実行していきたい。思いつきでもいいから、いつでも提案は歓迎だ。直属の係長や課長に遠慮することなく、私に直接持ってきて欲しい。一日も早く戦力になるように。特に女性社員には期待している」と、口癖のように言っている。

A　失礼致します。○○課のAです。

K部長　急に、何だね？

A　G課長からご報告可能な時間をお約束させていただいたと伺いましたので、ただいま提案をお持ち致しました。

K部長　A君とは君か。ああそうだったな。急に常務に呼ばれたので、あまり時間が無いんだ。簡潔にしてくれ。

A　はい。私は業務の効率化のセミナーに参加しております。その中で、部全体で取り組める可能性があるものについて、私なりに考えてみました。さらに絞り込んで今回提案させていただく内容になりました。経験不足は承知の上で、△△課や××課の担当の方々と一緒に取り組んでいきたいと思っています。

K部長　まともに出来るのかねえ？　G君からも強い推薦があったので、僕もこうして時間を割いているんだが、いくら何でも入社したばかりでしょう。君に組織や業務の何がわかったと言うの？　万一、君の案を実行して何か不都合が生じれば、部の責任者としての僕の評価に関わるんだよ。失敗は即、僕の責任が問われることになるから。

A　……。

K部長　こういうものを机上の空論と言うんだよ。
もっと経験を積んでからだな。要は勉強だよ。

A　……一つお尋ねさせていただいてよろしいでしょうか？

K部長　何か？

A　今までフレッシャー・プロポーザルが採用されたことはあるんでしょうか？

K部長　知らんなあ。
まあ、「チャレンジ」は社長の口癖だから。
もういいだろう？

K部長の対応によって、Aの落胆と自信喪失のショックは大きい。廊下をうなだれて歩き、失意のうちに課に戻ってきた。自席に戻った途端、完全にしおれてしまった。まさに青菜に塩。その様子を見て、

G課長　Aさん、どうだった。部長の反応は思わしくなかったの？

I係長　緊張して何も話せなかったんじゃないよね？

先輩J　お疲れ。お疲れ。若いうちは、なかなか部長とは長時間話せないから。

ようやく気を取り直したAはうなだれたままで、

A　K部長は、全然相手にもしてくれませんでした。もう駄目です。

その後に詳しい事情を聴いたG課長とI係長は、憤慨する。

I係長　一体何ですか。K部長は頭にきますよ。畜生！

G課長　あれだけ事前に話をして、了解してくれたと思ったのになあ。僕もこれまで仕事を共にしたことがなかったたし、着任して日も浅い彼のことは正直よくわからなかった。

Aさんに悪いことしたよな。でも、余りにもひどいなあ。

I係長　厳しい採用試験を突破してきたA君のやる気を、課長と二人で良い方向に伸ばしてきたのに。腹立たしい限りです。

G課長　「こんなことで退職されては困るから、細心のフォローをしないとなあ。Iさん、気をつけて。僕も注意しているから。

その夜、G課長は、同期のH課長と食事を共にした。その際、ついついK部長への不満が出た。

G課長　ひどい話だろう。何だよ、まったくあの部長は。若手をつぶすのが趣味かよ。

H課長　やっぱりな。K部長はそういう人なんだ。

□□支店長時代も、直言する優秀な部下を結構遠ざけたということを聞いたことがあったよ。また、同期の足を引っ張って蹴落とした話や、役員連中に売り込もうと血眼になっている話など、悪い噂ばかり耳に入る。権謀術数の限りを尽くして修羅場を潜り抜け、ここまで来た海千山千の策謀家だよ。

並みの叩き上げではない。新人への配慮なんか、元からあるはずもないよ。評価基準は、自分にとって役立つか役立たないかの一点。それも利用価値のあるときだけしか、関心を持たないんだ。

かつてK部長と一緒に仕事したE課長やF課長など、支店勤務時代に散々踏み台にされたらしいから。本社に戻ってからも、K部長はまともに彼らに挨拶しないそうだよ。だから、本音と建前を使い分けることなど、何とも思っていないさ。

K部長のことは、もっと早く君にも話しておけばよかった。しばらく忙しくて会えなかったが、申し訳ないことをしたね。

G課長　そうだったのか。俺は、そういうことの情報には疎《うと》いから。今後はK部長には注意しないと。常務のお気に入りとは聞いていたんだが。

H課長　うまく取り入っているようだね。前任の支店長時代、本社での会議の際は、手土産を持って必ず常務のところにご機嫌伺いに行っていたらしい。きっと自己PRしてたんだろうね。だから今回は、常務の引きで戻れたようだ。

G課長　そうか、またまた腹が立ってきたよ。交友関係の広い君ならではの情報だな。

Aさんは真面目で一生懸命でしょう。だから余計に反動が怖いんだ。

H課長　せめて君が同席してやればよかったのに。君なりに考えがあったんだろうけど。

G課長　本人にちょっと自信をつけさせようとしたんだ。

事前に十分に部長に説明して、こちらの意図を伝えていたつもりだったんだが、今にして思うと、甘かったよ。失敗した。本当に責任を感じるよ。

H課長　君は部下思いの誠実な上司だよ。

悔やむより、これからAさんへの対応を慎重にしないと。小さな成功体験を少しずつ作って与えてあげて、仕事への自信と意欲を取り戻してもらわないとなあ。

Aさんの同期は、うちの課のBさんだったよね。彼女も呼んで近々Aさんを励ます会を開いてあげよう。

G課長　そうだな。頼むよ。持つべきものは友だ。お前に感謝するよ。

H課長　了解した。でも、本当に部下を育てることは難しいよな。上次第で伸ばせるか否かも決まる。生殺与奪の権を握っているとは大袈裟《おおげさ》かも知れないが、上司の人間性と権限で部下の仕事生活を左右してしまうから。我々もそれを十分に肝に銘じないと。

低レベルなミドルの意識が組織の変革を妨害する

「出る杭になれ」「失敗を恐れるな」「挑戦する気持ちを持ち続けて欲しい」「一人ひとりの個性を大切にしていきたい」……。これらは、入社式、辞令交付式、年頭の所感あるいは各種研修会などの場で、経営者や経営幹部等の主催責任者が口にする言葉である。

特に入社式などは、学生から社会人になりたての新人と、管理職や役員が初めて一堂に会するものだ。入社式は入学式や卒業式と共に、人生の節目ともいえる。入社式で聴く言葉を噛み締めて、これからの仕事生活の糧《かて》としていく。何事も最初が肝心。それゆえ、経営者や管理職には、格調があって心に響くスピーチが求められる。感動を与えて、人を動かす「1丁目1番地」。そのためにも上に立つ者ほど、自分を磨き続けなければならない宿命を背負っている。

だが、言葉の受け止め方に温度差や解釈の違いが生まれてくることに気づかない経営者が、少なからずいる。

新入社員ならば、普通は素直に額面どおり受け取るだろう。「そうか、結構自由闊達《じゆうかったつ》な職場なんだ」「上司は頑張れば認めてくれるんだ」「ここは早く一人前にしてくれる会社なんだ」「若手を大切にしてくれそうだ」等々、彼らは、純粋にそれぞれ思いを馳せる。

しかし、素直に受け取らないミドルがいかに多いことか。組織固有の風土に完全適応しているミドルほど、これまでの社内政治的体験や現在の社内力学への皮膚感覚が、仕事に向き合う純粋さを消し去っている。

「あれはトップとしての儀礼的挨拶でしょう」と、自己都合の解釈をする。そして、「若造が積極性など発揮しても空回りするだけだ」「入社したてのヒヨッ子に組織の何がわかるのか」「意見や提案など、十年早いよ」と思いつつ、経営者の訓示をただ聞き流している。決して耳を傾けてはいない。要するに、あくまでも自己中心的な「最小犠牲の最大収益」を追求するようになっている。

ただ人事異動については、やたらムキになってくる。たとえ表面的には冷静を装っても、ささいな言動から本心が露わになってくる。心中穏やかならず。賢明かつ優秀な部下は、そのような上司を「上しか見ない出世の亡者」という評価を永久的に下す。信頼に基づく人間関係の構築は不可能となる。

そういう「出世の亡者」に、部下や後輩を育てる気持ちなどは微塵《みじん》もない。求めても虚しいだけだ。とかく経営者が「組織変革」や「意識改革」あるいは「人材育成」をお題目のように唱えてみても、はたまたコンサルタントの提案を取り入れても、なかなか成果が表れてこない。

「経営は実行」であるならば、経営トップの本気度を最大限にまで目に見える形で実現していくとともに、悪い意味での「保守的」ミドルの差し替えを断行しない限り、経営改革や人材基盤経営の真の結果は出せないのではないか。

若年労働者の定着率を高める取り組みが進められている昨今、新入社員向けセミナーが花盛りだ。なぜ、若者が早期退職するのか。かつて「シュガー社員」などと言われたように、もちろん若者の側にも原因はある。筆者のささやかな教育経験によれば、耐性が弱くなってきていることは確かだ。受講態度を見る限り、集中力や持続力にも大いに問題あり。また、主体的に学ぶことも苦手。これでは、いきなり自律型人材になれと言っても無理というもの。

また、資格さえあれば「即戦力」になるとも言えないのでは。抜擢という美辞麗句で粉飾しても、能力以上の仕事内容や役割を単に押し付けるだけでは、悲喜劇が起こる。

あくまでも筆者の独断と偏見ではあるが、若年労働者と日常的に仕事で接するミドルの態度・姿勢が問題を孕《はら》んでいるように思えてならない。

働き続けてもらって組織に有用な人材となって、顧客や社会に貢献して欲しいと、心底願って初めて誠意ある助言や指導が出来るか否か。打算なき純粋な言葉を発せるか否かは、何よりもミドルの心のあり方次第だ。

新入社員も必要とされたいと思っているし、早く役に立ちたいとも思っている。ミドルは、育てる経営を自分の持ち場で丁寧に実践していかなければならない。相手も生身の人間だ。ミドルの人間性が問われる。まずは思いやりと気遣いではないか。

あえて誤解を恐れずに言えば、ミドルへの人事研修を充実強化する必要があるのではないか。「Z世代」と言われている現代の若者の意識や行動をざっくりとでも知ることから、すべては始まる。ミドルたちの過去の陳腐な体験は、現実の姿を素直に見ることを阻害するものだ。時計の針は元には戻せない。何歳になろうとも、いくら上位の役職に就こうとも、謙虚に学んでいく姿勢を決して忘れてはいけない。その一つが若手の部下や後輩への接し方だ。

仕事上の上司としてだけではなく、人生の先輩としても伝えるものがなければならない。

2 自分の欲を殺せなければリーダーではない

部長、次長、2課長との会議から。

H課長 依頼したA社の市場調査の結果によれば、この企画は、テーマ性が極めて魅力的であるとの評価です。したがって、顧客へのインパクトも大きいと考えられます。数字的には、昨年度よりも集客は30%以上の増加が予想され、売り上げは20%程度増加が見込まれます。

予算的にも選択と集中を意識しつつ、自分たちで出来ることは自分たちで行って、可能な限り低コストの実施体制を構築できる案です。

またA社からも、さらに有用なアドバイスがもらえます。

K部長 百年に一度の危機と言われる経済状況だからねえ。君は消費者行動の分析が甘いよ。費用対効果の点でも経理経験の長い僕から見れば、楽観的過ぎる。取締役会に呼ばれて批判の矢面に立つのは、この僕だよ。

I課長 私はH課長と同じ意見です。

今お配りした資料は、課の若手女性社員が自ら直接街頭アンケートを実施したデータを整理したものです。ご覧の通り、H課長の仮説を補強する結果が得られています。

他社が経費削減に汲々として極めて臆病になっているときこそ、思い切って打って出ませんか。ここで消費者に仕掛けていかないと、新たな市場は創り出せません。

予算的には厳しいながらも、A社も最大限努力してくれることになっています。ともに消費喚起の必要性を認識しているからだと思います。

幸い実行可能な予算規模は確保できますから、ぜひやりましょう！

K部長　ピンチがチャンスだと言われても、所詮ピンチはピンチなんだよ。

I君ねえ、女の子にマーケティング・リサーチなんぞ、無理だろう。こういうご時勢こそ、石橋を叩いて渡るんだよ。

自慢ではないがね、予算管理について、全社で僕の右に出るものはいないよ。昨年の企画を若干手直しすればいいじゃないか。

そしてA社には、昨年よりも2割値引きさせるんだ。取締役会で専務から部長発言を求めてもらって、私が補足説明をして、コスト削減の成果をアピールする方が、君たちにとっても悪い話ではないと思うがね。
いずれにしても、新任早々の僕は地に足をつけていないと、部をまとめられないからな。
絶対儲かるのか？
失敗すれば誰が責任を取るんだよ？　この僕じゃないか。
そもそも確証もないのに、君たちの言うがままには出来ないね。
もういい。議論はここまでにしよう。僕は忙しいんだ。
これから常務にレクしなければならないんだよ。全社的な予算管理について、僕の専門的な意見を聞きたいようだから。

J次長　部長、一つよろしいでしょうか。

K部長　Jさん、いったい何ですか？

J次長　発言を求められるとは、お珍しいですなあ。

再度4人で考えませんか。私はやってみる価値は十分あると思いますが。

K部長　はあ、そうですかねえ。もう結論は出ましたよ。

J次長　B君、いや同期なので失礼しました。専務も、着任早々のK部長のお仕事ぶりを気になさっているでしょうから、新規企画の説明に耳を傾けてくださるのではないでしょうか。D取締役も前任の部長時代には理解されておられましたし、再度、H課長とI課長に詰めてもらっては、いかがでしょうか？

K部長 えっ、あなたと専務は同期入社でしたか？

J次長 ついつい昔の新人時代の悪い癖が出てしまいました。申し訳ございません。

K部長 あなたの同期には優秀な方が多いですなあ。

専務のご機嫌を損ねたくもないし。まあ、D取締役もご存知のことなら、Jさんの顔を立ててもう一度やりますか。

その晩、H課長は、J次長と瀟洒《しょうしゃ》な蕎麦屋の個室で夕食を共にした。

H課長 急にお誘いして、申し訳ありません。

J次長 いやいや、私はいつも暇だから。

大好物の蕎麦と聞けば、ついつい断れなくてねえ。いい店を知っているね。腰のある細い麺でとてもおいしいねえ。歯応えが違う。つゆは何とも言えない甘味がある。天ぷらもこれだけ食べても、腹にもたれない。ついつい冷酒がすすんでしまうよ。

そう言えば、Hさんの趣味は外食だったっけ。
部下に奢ってあげるんだってね。よくHさんにご馳走になった話を耳にするから。

H課長 それは簡単なことのようだけれども、身銭を切ることはなかなか出来ないことだよ。金の使い方に、その人の人間性が表れるからね。

H課長 外食は私の唯一の道楽ですから。皆に付き合ってもらっているんですよ。
話は変わりますが、今日の会議では、本当にありがとうございました。もう駄目かと思ってしまいました。

J次長 いい企画に賛成するのは当然でしょう。カネを削るだけの後ろ向きの発想では、何も生まれないから。
A社専務のG君は大学の同窓だから、機会を見て彼を紹介しましょう。仕事では頼りになる男ですよ。
まあ、わが社を背負っていくのはKのような奴ではなくて、あなたのような仕事熱心な課長たちなんだよ。思う存分やればいいんだ。
今回の企画をぜひ実行に移して欲しいと、B君には頼んでおくから。

H課長 お力添えいただけること、心強い限りです。これからもよろしくお願いします。

J次長　小心者で無能なKは、権力が仕事をするとでも思っているんだろう。勘違いも甚《はなは》だしい。

その権力を手に入れるためには、上に取り入ることが最善の策と考えている。取り入るときは部下の手柄を横取りして持っていき、自分がやった、やったと売り込んでいく。万一、部下が失敗すれば、徹底的にこき下ろし、役員たちに悪評を吹聴して回る。それも尾ひれをつけて。人間的にも唾棄《だき》すべき奴だ。

H課長　役職者に直言されるJ次長を、いつも頼もしく思っていました。

新入社員のときに研修でお世話になって以来、親しくしていただき、今では同じ部で仕事をともにさせていただいているのですから。これもご縁でしょうね。

J次長　上にいつも刃向かっていた一匹狼だったたし、それに社交下手ときた。上にお世辞一つ言えないから、もちろん出世など、当の昔から無縁だったからねえ。

そんなことを見透かした計算高い連中は、取り入る相手を選んでいった。ないがしろにされたので、逆に人間を見る眼を養えたとも言える。とくに定年が近づいてくると、余計にその視力が上がる。僕が、あなたに教えられることは、人の見抜き方だけかも知れない。

それにつけてもHさんあなたは、落ちこぼれの変人にも礼を尽くしてくれる。うれしいですよ。律儀さと気配り、そして情の厚さでは、名実共に最高の後輩だ。私心がなく、仕事に情熱を燃やすあなたには、人が必ずついてくる。将来が楽しみですなあ。

もう後1年余りだけれど、あなたのためには、犬馬の労を厭《いと》うつもりは毛頭ない。何でも言ってくれればいい。人は心で動くんだから。

後日、取締役会が開催され、専務担当の部提案として、滔々《とうとう》と語るK部長の姿があった。取締役会終了後、専務はK部長に声をかけた。

専務　K君、ちょっと。

K部長　はい、これでよろしかったでしょうか？　大胆な企画ゆえ、私まで熱くなってしまいました。ここまでまとめるのに、私も随分苦労しました。

専務　そうかね。J次長に私が礼を言っていたと伝えなさい。

K部長　はい？　それだけでよろしいのですか？

専務　そうだ。それだけだ。

専務は、専務室からH課長に電話を入れた。

専務　H課長、Bです。実によく練り上げられた企画だった。久し振りに読みごたえのある企画に出会ったよ。よく頑張ってくれた。ありがとう。ご苦労さん。

調査結果の報告も待ち遠しいね。I課長にも期待していると伝えてください。

H課長　ありがとうございます。全力を挙げて取り組みます。

専務　それから、4人で晩飯でもと思うんだが、○○日の6時頃ではどうかねえ？

H課長　えっ、それは恐れ入ります。

専務　I課長にも言っておいてよ。

店はね、J次長に聞いてくれればいいから。僕がいつものところと言っていたと伝えればわかるから。じゃ！

部下の成果を横取りするのは最低だ

K部長よ、濡れ手で粟とはいかないものだ。世の中、無から有は生まれない。

仕事だけに限ったことではない。研究者の研究発表でも、一つのまとまった形が見えてくるまでには、相当の時間をかけた積み上げが必要であり、試行錯誤の連続だ。

部下や後輩の苦闘する過程を注視して、上司は彼らを評価することが大切である。最近は、「結果のみの評価で良い、プロセス評価は不要」という論も出てきたが、そういうものが出てくること自体、寂しいことだと筆者は思っている。

真剣に取り組む者に対して、自ら心血を注いで作り上げたインフォメーションネットワークやサポートネットワークを、必要に応じて惜しみなく応援に差し向ける。さらに、自分自身が援軍となってやることだ。

その結果上手くいけば、さり気なく部下を褒めて、なお励ましてやればよい。仕事の出来るお助けミドルは頼もしい存在だ。たとえ失敗しても、「次につなげていけばよい」ことを教えればよい。

しかし、部下や後輩の成果を横取りして、さも己が成し遂げたように自己宣伝する輩の何と多いことか。無能なくせに権限だけ振り回すK部長は、まるで夜盗、追剥《おいはぎ》だ。周囲が何も言わなければ、それが当然であるかのように大いなる錯覚をして、尊大な振る舞いになっていく。大衆の深層心理が読めない某大物落選議員と同じ。

部下と共に新規事業に挑戦していくときに、ミドルには何が求められるか。これまた筆者の独断と偏見で述べさせていただきたい。

第一に、仕事への情熱である。「よし、やってやろうじゃないか」という、困難な仕事に立ち向かう前向きな気持ちは情熱に支えられる。

第二に、何が課題で、どんな状況かを見抜いていく洞察力だ。真面目に勉強することなく自ら考えて考えて考えぬくことを怠ってきた、軽佻浮薄《けいちょうふはく》なミドルには、決して備わってはいない能力だ。「常に考える」ことを習慣にしなければならない。

第三に、判断力が挙げられる。データやリサーチに基づいて十分な検討を重ねて、意見や助言を聞いた上で、判断しなければならない。洞察力と同様に、不勉強なミドルは情報の真偽や取捨選択をとかく誤ってしまう。あるいは自信のなさからか、はたまた失敗への恐れからか、判断を先送りにする。

第四に、すべて最後は実行力である。さまざまな障害や隘路《あいろ》に直面しても、忍耐強く克服して推進する力がなければ結果は出ない。もう駄目だと思ったときにも、道はあるものだ。

経営者格差の時代と言われる昨今、ミドル格差が経営を左右することも真理では。組織にとっての喫緊《きっきん》の課題は、優秀なミドルが辞めない仕組みを作ることだ。

3 ピンチに際して腹を括れなければリーダーではない

H課長の部下のF係長は若手課員Dの手違いから、新規顧客のB社総務部C部長から呼び出され、クレームをつけられた。さらに、今後の取引の見直しまで言及された。その夜、D、F係長と残業していたG係長が深刻そうに話をしていると、K部長がL課長を伴ってやってきた。


K部長 まったく何をやっているんだ！

L君から聞いたが、B社と取引出来なくなったら、どうなる？

もちろんH君の責任は極めて重大だが、この僕も部のトップとしてマイナス評価になってしまう。

今月は、各部の事業数字が取締役会に報告されるんだ。僕の立場はどうなるんだ。お前らのせいで地位が危うくなったら、一体全体どうしてくれるんだ！

L課長 H君はどうしたの、こんな重大事に？

君たちに押し付けて、まさか敵前逃亡ではないだろうね。

F係長 出張中のH課長にはすぐ連絡しました。課長は予定を変更して出張先から間もなく戻られます。戻られ次第、課で対応を話し合う予定です。

G係長 L課長、敵前逃亡とはH課長に失礼ではないでしょうか。課長は逃げませんよ。これまでB社に関しては、いくつも難問を解決されてきました。C部長とは意を尽くして話し合えると思います。

一報を入れたときも、「まずは落ち着いて。早急に責任をもって対応しなければならないね。善後策を冷静に考えよう」と言っておられました。

L課長 「冷静に考えよう」なんて、まるで評論家の口ぶりじゃないか。それにしてもまあ、H君は幸せだね。君たちにそんなにまで慕われて。よほど部下思いなんだ。

僕は他の課のことに口を挟む気は毛頭ないが、今回は部長が最後にまとめた商談をこじらせたんだからね。その意味でもDの失態は大問題だよ。

F係長 確かに一度は、部長にもご挨拶に行っていただきました。

ですが、これまで取引のなかったB社に、H課長が何度も足を運んで商品の説明をされ、C部長も他社の商品との比較を慎重に行った結果、自社のコスト削減にも役立つことを認識されたんですよ。まさに課長は、ウィン・ウィンの関係を作られました。その後、私とDさんに実務を任されたんですから。

K部長　何を言う、失礼な、私が行ったからまとまったんだ！　明日までに解決するようにH君に言っておきたまえ。さもないと、明後日の取締役会にはH君に始末書を出してもらうぞ。私の面目丸つぶれだ。まったく怪しからん！

L課長　ここは、優秀なH君のお手並み拝見といこうかね。どうしても無理となったら、先輩として相談に乗るからと言っておいてくれよな。

Ｋ部長は、後ろに倒れそうなイナバウアの姿勢で出て行った。Ｌ課長は茶坊主というか、コバンザメというか、Ｋ部長の付属品であるかのように、背中を丸めながら出て行った。

G係長　Ｌの野郎め、ふざけやがって。いつもうちの課が大変なときに、せせら笑いやがって。許さんぞ！

F係長　相変わらずK部長は駄目よね。あんなL課長にあおられて。まあ、保身の権化だからしょうがないか。

とりあえず課長の戻りを待ちましょう。Dさん、課長に見せるから、今日の報告を整理しておいてくださいね。

D　はい……。

F係長　大丈夫、怒られないから。元気出して！

H課長が出張から急遽戻ってきた。H課長を内心待ち焦がれていたF係長とG係長は、ようやく安堵した。

F係長　課長、申し訳ありません。私が、今後のスケジュールをDさんに再度確認すればよかったんですが。

D　私のミスで、課長、係長にご迷惑をかけてしまいました。

H課長　まあまあ、これからゆっくり話を聴くから。

ところで、君たちも夕食はまだでしょう。Gさんも何も食べてないんじゃないの。「腹が減っては戦は出来ぬ」でしょ？

G係長　はあ。

H課長　Dさん、どこだっけ、この間の出前専門の寿司屋さん。適当に出前を注文してください な。

F係長　ありがとうございます。お寿司で腹ごしらえとは、勇気が出ます。
お茶の用意は私がします。

H課長は、Dの報告に目を通しつつF係長から状況を聴き、うつむいているDに切り出した。

H課長　Dさん、そんなに気落ちしないで。あなたは指示通り動いたんだから、そんなに責任を感じる必要はないからね。
報告を受けてすぐにC部長に電話をしてね、明日午前9時に会っていただけることになった。会ってもらえるということは、こちらの話を聴いてもらえるということだ。
あらためてお詫びをして、それから事の経緯を正確に説明して、理解していただこうと思う。僕とFさんで訪ねるから大丈夫！

届いた出前を四人で食べた後、

H課長　後はもう三人で打ち合わせをするだけだから、Dさんはもう帰って休みなさい。明日は、またいつもの元気な顔を見せてよ。遅くまでどうもありがとう。

D　はい、わかりました。お先に失礼致します。

Dの姿が消えたことを確認してから、

F係長　課長、本当に大丈夫でしょうか？

H課長　大丈夫と言ってやらないと、責任を感じている彼もたまらんだろう。最悪そのときは、そのとき。最終責任は僕にあるから、敗戦処理は自分でやるよ。

念には念を入れて、僕もFさんに同行を頼めばよかったんだが。

まあ、Dさんにも自信を持ってもらいたかったからね。

情が優先した私の判断ミスだった。すまない。

F係長 とんでもありません。本当に申し訳ありませんでした。

G係長 課としての対応が明確であれば、D君も安心しますよね。

ただ、「始末書ものだ」と、部長が吠えて帰っていきましたよ。計算高い部長は自分の手柄にしようと思ってたのに、こんなトラブルが起こって、余計に腹を立てているんでしょうね。

H課長 まあ、部長は、取締役会で成果を自慢したいんだろう。

でもね、常務はうちの課の努力だと思っておられるから大丈夫だよ。

F係長 明日はどうしますか？ C部長は相当怒っていましたが……。

H課長 可能な限り丁寧に対応したうえに、あれだけ慎重なC部長が了解したことだよ。報告を見た限りでは、要するにB社の窓口担当者の思い込みとDさんの要領を得ない説明が原因だ。あの担当者も責められないよ。

一切弁解はせずに、こちらに全面的に非があったこととして謝罪に徹し、そのうえでアフターサービスの3カ月無料延長を申し出よう。

万が一のさらなる値引き要求にも対応できるようにしていたから、それでも採算が取れるでしょう。

そして今後は僕が直接訪問する態勢を取れば、信頼関係も築いていけるのではないですか。どうですか。

G係長　それはいいですね。採算は余裕でOKです。

逆に課長とC部長の接触回数が増えますね。

翌日、H課長とF係長はC部長に誠意をもって謝罪し、きめ細かいサービスを提供する旨を詳細に説明した。

C部長　昨日あれから考えてみたんですが、うちの担当者にも至らないところがあったかも知れませんなあ。

昨日の状況でも部下に責任を転嫁しないHさんだからお会いしたのですよ。今も一切弁解しないHさんには、むしろ感服しました。よくわかりました。これからお世話になりますよ。今後Hさんが来てくれるならば、またいろいろお話をさせてもらえるでしょう。

帰社したH課長は、F係長に訪問結果をDとG係長へ知らせるように指示し、自らはK部長にC部長との詳細なやり取りについて報告した。

K部長　何だって？　話がついたと？

H課長　「雨降って地固まる」で、さらに関係を深めていけそうです。

K部長　それじゃ、さっそく僕が挨拶に行こう。すぐにアポを取ってくれ。ああ、その前に常務の耳に入れておこう。明日の取締役会では、僕に説明を求められるだろうから。これで常務からは、お褒めの言葉をいただけるなあ。

そのとき、常務から電話が入った。

K部長　常務、ただ今、ご報告に上がろうとしていたところです。新たにB社と取引がまとまりました。私が先方の部長と対応することにいたします。

常務　知っているよ。わざわざ来なくていい。言っておくが、その件はH君に任せなさい。いいね。ところでそこにH君はいるかね。いれば代わってくれ。

K部長　はあ……、代わります。

常務　ああ、H君、先ほどC部長から丁重な電話をもらった。サービス提供のお礼だったよ。君に何卒よろしくとのことだった。いつでも訪ねてきて欲しいと言っていた。

C部長とは以前にある会合で名刺を交換していたんだが、お客様となった相手から先に電話をいただき、まったく恐縮したよ。

今回の商談は、よくまとめてくれた。ご苦労でした。

H課長　恐れ入ります。部長と代わりましょうか？

常務　いや必要ない。

それと、C部長と会食の約束をしたから、そのときは君も同席して欲しい。じゃ！

想定外の事態にこそ、ここ一番の対応を

危機管理の要諦は「悲観的に準備して楽観的に行動する」とか。

想定外のことが起こっても、ミドルには冷静かつ沈着な行動が求められる。まさに泰然自若。ここでミドルの器量・力量が白日の下にさらされる。

状況を把握して、問題発生の原因の在りかを究明して、そして可能な限り最善の対応策を講じていく。

ミドルが先頭に立ってこの過程を実践していけば、部下はついて来る。そうでなければ、部下が動揺するだけだ。ましてや発生した事案結果だけを取り上げて、部下の責任追及だけに明け暮れるミドルは、管理職の名に値しない。いささか時代錯誤ながら、「勇将の下に弱卒なし」は言い得て妙だ。

ここ一番で頼りになるミドルは、若手社員や新人社員にとって仕事の支えと精神的支えとなるべき者だ。

第四章
意識を変える

1 余計な仕事を作る人はリーダーではない

H課長は同期のI課長と昼食を共にしていた。

I課長 当然聞いていると思うけれども、A社と新規の商談が進んでいるそうだね。うちのB商品かC商品のどちらを入れるかで検討中だそうだな。君の部で担当することになりそうだって?

H課長 何それ。僕は知らないよ。誰に聞いたのさ?

I課長 うちのJ部長からだよ。昨日の部の会議で出ていたからさ。部長会でK部長が得意げに報告していたみたいだ。

H課長 何を言ってんだろうねぇ。あまりにも知らなさすぎる。今のA社のD部長は経理畑が長かったからか、取引相手には極めて厳しい態度だよ。

ともかく値切るんだ。下げろ、下げろだよ。他社からも譲歩を引き出して交渉の道具に使ってくる。

だから、BかCを買うように見せかけて、必ず他社との値引き交渉に利用するよ。

前任のEさんはアフターサービスの水準やメンテナンスの利便あるいは担当者の対応レベル、そして何よりも人間的な信頼関係を基準にして業者選定をされていたんだ。

顧客のことをどれだけ考えてくれているかについては、各社の担当者一人ひとりを鋭く観察していたEさんだったけれど、理解してくれれば、不当とも言えるような値引き要求など一切しなかったよ。また逆に発注や依頼をしてくれたし。よく食事もご馳走してくれたんだ。それも身銭でさ。

それに比べてDときたら、たかるだけ。あの意地汚さには誰もが辟易《へきえき》しているよ。

I課長　そうか。俺は直接A社を担当したことがなかったからなあ。

でもEさんのことは聞いたことがある。取引先企業の担当者連中には評判が良かったよなあ。

H課長　まず威張らないもんね。長年A社を担当して、Eさんからは「営業は誠意と熱意が大切だ」と教えられたんだ。

今では死語になったかも知れないけれど、良い意味での企業同士の共存共栄をいつも考えていたんだろうね。

I課長　やはり仕事は人との出会いだね。うらやましいよ。

ところでEさんは、どうしてるの。退職したんだよね？

H課長　ご他聞に漏れず、路線闘争での挫折だ。ど素人二代目社長の馬鹿げた経営方針に反発して、結局は自ら辞めたんだよ。現在は、友人の会社を手伝っている。今でも僕は時々訪ねたり、食事をしたりしているけれど、教えてもらうことも多いんだ。

あの二代目も運転手付きの黒塗りに乗ってゴルフ三昧だが、経営はコスト削減しか頭にないからね。ただ自分は好き放題しておいて「定昇ゼロだ」「賞与削減だ」、挙句に「使用済みの用紙の裏を使え」と言っても社員は白けるでしょう。

まあ、先代社長も会社は個人の所有物と信じて疑わなかった人だから、会社は公器という意識はゼロだった。けれど、Eさんらが脇を固めて辛うじて維持していたんだろうね。それを自分が経営していたと勘違いして馬鹿息子を後継者にしたものだから、今は見ての通りだ。

Eさんらが退職して以降、過去の財産を食いつぶしてしまって業績は明らかに下り坂でしょう。粉飾まがいで体面をつくろっているだけだね。見切りをつけて辞めていく社員は、今後も少なからずいるらしいよ。

I課長　Dの野郎、会社のためでなく自分のために取引業者を泣かせているんだな。

H課長　Dは保身の塊《かたまり》で、社長の顔色でしか仕事をしない人だから、高圧的に値引きを吠えていれば覚えめでたいことになる。それをEさんから聞いたので、僕はA社から手を引いたんだ。

まあ、さっきの話だけれど、嫌な予感がするなあ。

I課長　俺もだんだん心配になってきたよ。K部長の着任以降、トラブル処理ばかりさせられている運の悪い君だからな。俺に出来ることがあれば何でも言ってくれ。

H課長　ありがとう。愚痴だけは聞いてくれよ。

その日の夕方、H課長はK部長の帰り際に偶然出くわした。

K部長　ああ、H君、A社のD部長に、うちのBとCの説明資料と見積書を渡したい。他社との比較を十分に行って説得力のある説明資料を至急作ってくれないか。

僕のプレゼン力をもって、D部長を落として見せよう。これは本社での初陣《ういじん》だよ。

H課長 それは、D部長からのお話なんでしょうか？

K部長 いや、僕が提案したんだが、先方は大いに乗り気だった。

H課長 そうですか……。一言申し上げてよろしいでしょうか？

K部長 なんだね。また一言居士《いちげんこじ》の登場か？

H課長 着任早々の部長はまだご存知ないかも知れませんが、A社はD部長に担当が替わってから、一筋縄ではいきません。値引き下限を決めておかないと、泥沼にはまってしまいます。他社との交渉に体よく利用されるだけかも知れませんし、そのうえ最近のA社の業績は……。

K部長 そんなことはないだろう！

先日、ワイフとクラシックコンサートに行ってね。たまたま隣の席にD部長がいたんだよ。初対面ながら、その後はホテルのバーでワインを傾けて、ついついビジネスまで話が進んだというわけだ。

彼はなかなか物腰も柔らかく、社交的な人物だ。趣味も合うし、ワイフともすぐ打ち解けていた。

君はかつてA社を担当したと言っていたが、なぜ取引を止めたの？

逆に僕は疑問だがねえ。君に落ち度でもあったんじゃないのか？

H課長　それは……立ち話ではなんですから。別途時間をいただいて、これまでのA社との経緯を詳しくお話しさせてください。

ここで申し上げたいことは、私はD部長との商談には慎重になられた方が賢明だということです。

私の経験では、D部長とは長期戦・消耗戦の覚悟がいります。それは、部長にもご納得していただけることと存じます。

K部長　そんな弱気でどうする！

部長の僕が作れと言ってるんだよ。これはビジネスチャンスだ。部長会議でも胸を張って言ったんだぞ、部長同士で直接やれば、取引復活の可能性は大いにあるとね。

着任早々の僕が先頭に立って物にしようとしている仕事に対して、異論を唱えているとも取れるが、それは僭越《せんえつ》じゃないか？

課長の君が逸機の失策の責任が取れるのか。言葉を慎んだ方がいいぞ！

H課長　ですから、十分に検討された方がよろしいのではないでしょうか。一度お会いしたくらいでは、D部長の本心まではなかなか……。

K部長　人を見る眼は、支店長を経験している僕の方が君よりあるんだよ。実は今晩もD部長と会食の予定なんだ。ここで地ならしをして、次回で話を一気に詰めて、成約にもっていく。

ビジネスはスピードだよ。君のモチベーションは低いんだよなあ。それからねえ、僕のクラシックの趣味もビジネスに役立つということだ。君の趣味は何だ？　よもやカラオケではないだろうね。あれは低俗極まりない。特技がピアノのワイフも、カラオケ好きの人間を軽蔑しているから。心してくれよ。

H課長　そうですか。わかりました。部長がそこまでおっしゃるなら、F係長、G係長と相談して作成します。それでは失礼致します。

K部長は肩で風を切りつつ、無言で去っていった。H課長は「こんな重要なことを何で立ち話なんだ。それも部長会議の後とは。事前に話してくれないのは信用されていないからか」と、不快の念を通り越して疑心暗鬼になった。

気を取り直して間もなく自席に戻ると、H課長はF係長、G係長を呼んで、K部長とのやり取りを説明した。

F係長　A社のことを何も知らないくせに、新米部長にも困ったもんですね。

G係長　地方の支店長から本社の部長になって、早くひとつ結果を出したいんでしょうかねえ。そういう気持ちはわからないでもありませんが。

でもまあ、あまりにも焦り過ぎですよ。

これまでの事情を聞かないのはおかしいですよ、まったく。

H課長　あの県の支店長は地元の名士扱いでしょう。ちやほやされて夫婦同伴での臨席も多いしね。偉くなったと勘違いするんだよ。

K部長では、海千山千のD部長の相手は荷が重いよ。彼の狡猾《こうかつ》さは尋常ではないからね。一回、二回会ったって、D部長から確約など得られるものではないよ。

でもまあ、部長があそこまで言うなら作るしかないね。

徒労になって申し訳ないが、手伝ってくださいな。頼む。こんな仕事は今日中に終わらせて、明日朝に部長に渡したいので。

Fさんは B の資料を、Gさんは C の資料を整理してくれるかな。僕は見積書を作るから。不本意だけれども、仕事は仕事だから。ミスの無いように丁寧にまとめてください。

数時間後、説明資料と見積書は完成した。

H課長　ありがとう。君たちのお陰で早く始末をつけることが出来たよ。気分転換にカラオケでもどうだい。今夜は大騒ぎしようじゃないか。

F係長　行きましょう。僕はクラシックのような上品な趣味を持ち合わせてはいませんから。いつもの下品なカラオケで楽しみましょう！

G係長　課長、今夜はストレス発散で歌いまくりますからね。

H課長　ファイトマネーとしては、いささか少ないが勘弁してよ。その前にラーメンで腹ごしらえだ。餃子も食べようか。

数日後、D部長からK部長に事務的なメールによって商談見合わせの連絡があった。抜け殻のようなK部長の姿に、H課長は哀れすら感じた。

軽薄なモチベーション論で乗り切ろうとするな

無能な上司が張り切ると、ろくなことはない。現場がその度に迷惑を被《こうむ》る。

いつもの繰り返しになるが、さしたる仕事実績もないくせに、中途半端な趣味人もどきや文化人気取りの者は高尚と低俗の二分法が大好きゆえ、余計に鼻につく。

戦国大名が家の存亡をかけて、知略を尽くして乱世を生き抜こうとしている時代にあっても、古来からの格式と権威に胡座《あぐら》をかいて、お気楽に和歌や蹴鞠《けまり》を優雅に楽しんでいた京の公家連中をついつい思い出す。歴史に学ぶことは多々あるもの。

そして何より問題は、仕事に関して時間をとって十分に話し合うことを等閑視《とうかんし》することだ。「たまたま」や「ついでに」の感覚で、重要案件についての立ち話の類はご法度。部下と向き合って話すことを省略することは厳禁。

タイミングの悪い即席会話程度では、部下は心の扉を開かない。真剣に部下と向き合わないミドルに、部下の心など容易に読めるものではない。逆に職場のモラールを下げる。

上司と部下のコミュニケーションと一口で言っても、それは複雑系だ。コミュニケーションの質と量に加えて、話し手の理を聞きつつ情もいかに添えていくかが、大切だ。最終的には、ミドル自身の思考の量や思索の深さがコミュニケーションの成否を分ける。

H課長はモチベーションが低くとも、約束した仕事は結果を出している。まさに有能な部下がバカな上司をやり過ごしている典型。

無能な上司はやたら軽薄なモチベーション論を持ち出してくる。職権を振りかざして部下のモチベーションを人為的にあるいは強制的に高めることは、不可能ではないか。モチベーションは自ら引き出すものだ。

部下の理解と納得を得るためには、どれだけ意を尽くして説明していくか。要するに部下の心を打つことだ。これこそミドルの人間力の真髄。そして一つの方向に糾合してチームワークを最大限に発揮することが、競争力の源泉ではないか。

一人で出来る仕事など、たかが知れている。上位職階に上がれば上がるほど、より現場の力を引き出す状況を作る能力が求められる。

ビジネスも所詮は人の営み。感情の動物である「人」が情報をもたらす。現場を熟知した優秀なミドル人材は掌中の珠。くれぐれも疎かにしてはいけないよ。

2 上手にお金が使えなければリーダーではない

A部長の送別会打ち合わせを兼ねて、かつてA部長の部下であったH課長、I課長、J課長の3課長が昼食を共にしている。I課長、J課長はH課長より入社年次が上の先輩課長である。

I課長　今夜はA部長の送別会だけどさ、いよいよ退職されるんだねえ。仕事では本当にいろいろお世話になった。寂しくなるよ。

J課長　採用時の面接以来二十年以上の付き合いだったんだから、H君は余計に感慨深いだろう。

僕は昨年春の人事異動でこの部に来て、A部長とはわずか1年余り仕事をしただけだが、良き上司と巡り合ったと思っているよ。

まあ本当にA部長はH君に目をかけていたけれど、仕事の遂行では逆にH君には厳しかったなあ。「愛のムチ」というやつかな。だから今の君があるんだよ。

H課長　部での3年間は、A部長には仕事を通して鍛えられました。でも辛いとはまったく思いませんでした。心底感謝しています。

I課長　常務が取締役人事部長だったときに、A部長が直接掛け合ってH君の課長昇進と異動を認めさせたと聞いたよ。

Hさんは同期の中では最も早い課長昇進だったから、噂になったのを覚えているさ。嫉妬する奴の口には戸は立てられないけどね。

J課長　そうだったなあ。お世辞でなく、H君の昇進は当然だったよ。

I課長　そうですよ。A部長は人物と能力をよく見極めている人ですからね。常務と同期だからといった「なあなあ、まあまあ」の馴れ合いの話ではないでしょう。Hさんに見所があったから、最後は手元に置いて育てたかったんでしょう。

ところで、今夜の送別会の件は、店の予約から花束の手配まで、すべてHさんに任せてしまって申し訳ないねえ。

J課長　A部長は散財させると申し訳ないと言って一旦は辞退されたんだが、H課長が段取りをするということで快く受けていただいた。二次会は4人でとの希望だった。

H課長　A部長は和食が好きなので、B店を借り切っています。大いにやりましょう。

J課長にはご挨拶を、I課長には乾杯の発声をお願いいたします。進行はD係長に、花束の贈呈はEさんに、記念品の贈呈はGさんに、締めの乾杯はF係長に頼んであります。誰もが、A部長のことを慕っていましたから。

J課長　君こそが送る側の主役なんだよ。君はA部長の愛弟子《まな》なんだから、スピーチをしなくてもいいのかい。

H課長　とんでもありません。ここ一番は先輩方にお願いします。私は料理メニューをお任せいただいたので、日頃の外食で鍛えた技をご披露いたします。

I課長　さすが趣味は外食のHさん。

でもあなたは裏方もいとわず、目上の人を立てることが自然に出来る人だね。僕のようにそろそろ上がりとなった者には、人がよく見えるものだよ。

二次会は、A部長からのお礼の形で3課長とピアノ・ラウンジのC店で行われた。

A部長　今夜はどうもありがとう。本当にうれしかった。料理も僕の好物ばかりだった。よくまあ、あれだけ並べてくれたよなあ。おいしかった、おいしかった。

J課長　寸志までいただき、ありがとうございました。
送別会の企画内容は、すべてHさんに丸投げでしたが、これだけ盛り上がった送別会も久しぶりでした。部下思いだった部長のお人柄ですね。

I課長　全員よく食べ、よく飲みましたね。Hさん、僕のときもよろしく頼みますよ！

H課長　かしこまりました。
それにしても、会社で部長にお目にかかれなくなるのは、本当に寂しい限りです。

A部長　H君、何を気弱なことを言ってるんだ。十分に君は課長としてやっていける。部下からも信頼されていることは、上席のJ課長、I課長もわかっているよ。これからも仕事を通して伸びていくんだぞ。

そして、さらに人格に磨きをかけることも忘れるな。先輩から信頼され、同期・後輩から敬愛されるように心がけてほしい。

相談したいことがあったら、いつでも連絡してくれていいんだ。仕事に口出しなんぞする気はないが、それで気が楽になるなら、いつでも愚痴は聞いてあげるから。

ついてはJ課長、I課長、H君のことをよろしく頼むね。入社以来見込みがある奴と確信しているから、どうか厳しく育ててやってください。

また、定年真近な私を支えてくれたあなた方二人のことは、常務によろしく頼んでありますから。

J課長　私やI課長のことまでもお考えいただき、お礼申し上げます。部長とともに仕事が出来たことは、定年が近い私にとっても会社人生での忘れられない思い出になります。

I課長　ご配慮に痛み入ります。

A部長　後任のKとは上手くやってください。営業経験の乏しい管理畑のKはそう長くはいないと思うので。

言っておくぞH君、君は頭も切れて正義感が強い。だからこそ、彼とは正面切ってぶつかるなよ。彼は……、よそう。酒が不味《まず》くなる。失礼した。

新任のK部長が着任してからは部の雰囲気は一変した。

自信過剰と権威主義の権化のようなK部長は、気分しだいで部下を叱責し、問い詰めたり、追い詰めたりする。また課長連中の頭越しに指示を出したりする。要するに態度は傲《ごう》岸《がん》不《ふ》遜《そん》。部長会議では大言壮語《たいげんそうご》。その一方で、役員には平身低頭を貫く自分中心の上昇志向の塊であった。

だが、部全体の雰囲気は白けきって、K部長の意のままには部が動かなかった。それゆえ、一日でも早く点数稼ぎをしたいがために、H、I、Jの3課長を急に食事に呼び出したのであった。だが、約束の時間になってもK部長は現れない。3課長のイライラは募ってくる。

I課長　部長は何をしているんだろう。もう30分近くも待たされてるなあ。何かあれば、連絡をよこせばいいものを。

H課長　しかし、ここの店は安っぽくて、うるさいですね。

それに料理は、すべてガッカリ。

J課長 彼は、Aさんのように気前よくご馳走するような人ではないからね。安く上げたいんだろう。

どうせお説教だし、不味くても関係ないさ。

早く来てもらわないと、困るなあ。こちらなんぞ、今朝言われて、あわてて予定変更だ。その挙句が遅刻なんだよな。

そのとき、K部長が遅れてやってきた。

K部長 おお、どうも。

H課長 部長、話があるとのことでしたが、何でしょうか?

K部長 単刀直入に言うぞ。

俺が来てから、何ら新規の大口商談が成立していないが、どうなっているのかね?

昼間の会議で問い質《ただ》せばいいんだが、君たちにも面子《めんつ》があるでしょうよ。だから、呼んだのさ。

H課長　部長もおわかりのこととは存じますが、従来取引のなかった先で大口を獲るためには、戦国時代の城攻めをやらなければなりません。

まずは外堀を埋めていくことから始めなくてはなりません。紹介者や縁故者を立てつつ、相手との信頼関係に基づきながら人間関係を作り上げるには時間が必要です。

前任のAさんのときでも、新規営業では1年間は目標には届きませんでした。Aさんはそれを認めてくれましたし、また営業は地道な努力の積み重ねであることを、身を持って教えてくれました。そして2年目にして、その成果が出てきました。

K部長　何を言っている！　成果主義の時代はスピードなんだよ！

もっと目先の数字にムキになれないのか！

Aさんはもう辞めたんだ。過去の人だ。部長が交替すれば、方針や方法も変わるんだよ。要するにやる気がないのか？

I課長　会議で報告したように、各課とも話が進んでいる案件を抱えています。丁寧に詰めていく段階にきているものもありますから。

K部長　君は「兎と亀」の亀かね。なんとまあ牧歌的な感覚だなあ。

多少の無理があっても、懸案事項が残っていても、「やれます」と言えばいいんだよ。「走りながら考える」ってことを知らないのかね?

J課長　部長、まず営業は誠実であるべきでしょう。出来ないことは出来ないと、理由を示して正直に伝えないとならないでしょう?

1時間ほどK部長は一方的にしゃべり、食べた。だが、3課長はほとんど飲みもしないし、食べもしない。重苦しい雰囲気が続いた。

K部長　ああだ、こうだと、言い訳と理屈ばかりでしょうがない奴らだ。俺が直接乗り出せばお前らの立場がなくなるぞ。まあ今夜はもういい。おおい勘定。勘定してくれよ!

K部長　一人3000円でいいぞ。

スマートな飲みニケーションは潤滑油

いくらなんでもそれはないでしょうよ。

いつもながらの筆者の独断と偏見に基づくナイスミドルの基準に照らし合わせれば、K部長の罪は万死に値する。

いったい誰が誘ったのか。K部長あなたでしょ。金の恨みは恐ろしい。部下は上司の人間性を、とかく金がらみで見るものだ。本当に金の使い方は難しい。

金の使い方、支払い方で、その人間の本性が白日の下にさらされる。「ケチ」「セコイ」と判断が下されたならば、会社人生を通り越して一生涯を通じて、減刑・恩赦・仮釈放なしの無期懲役刑が確定してしまう。

金額はたかが一人3000円、3人分合わせて9000円であっても、失った人望は億万長者の全財産に等しいのではないか。

立場や地位に応じて利用する店や使う金、それらは品格とまでは言わないけれども、それぞれ「ふさわしいもの」があるだろう。

もちろん何ら無理などすることなく、自らの可能な範囲でよいのだが。

心理学の大家カール・グスタフ・ユングは「幸福の五条件」なるものを提示していたが、確か五番目に「自分でほどよいと思う程度のお金を持っていること」も挙げていた。

ああ、懐《ふところ》の淋しいミドルは哀れなり。

パンデミックでついに、飲みニケーション文化の息の根が止まった感がある。

だが、飲みニケーションにはやはり効用があることも否定できない。

日中の仕事現場を離れることで共に気楽に語り合いながら、互いの距離を縮めて仲間意識を強めることだ。また、言いにくいことをあえて言ったり、さりげなく助言をしたり、老婆心ながら遠回しに忠告をしたりと、会話の「場」、対話の「場」でもある。

「本当に言いたいことは声を低く語って欲しい」とは、ロシアの文豪トルストイの言葉。ただし、あくまでも公私の区別をつけることが前提だ。

そんな、せっかくの飲みニケーションだからこそ楽しくやりたい。そして、何かを得たい。愚痴だけではわびしい。説教は真っ平ご免。楽しさを演出するのは、誘ったミドルの演出力・表現力、加えて経済力か。

仕事人生でも、ささやかな幸せを実感したいものだ。それは明日の仕事の活力にもなるのでは。

3 「何のために」が明確でなければリーダーではない

人事評価について部長と3人の課長による激論が始まった。

K部長　社長からは、人事評価における資格取得や検定受験成果のウェイトを見直していくとの提案があった。そこで私の部が先頭を切って、全員一丸となって成果を出そうと考えたのさ。

部全体で資格取得者や検定合格者を他の部よりも増やせば、僕も鼻が高い。役員会で褒められること間違いなしだ。来春の社長表彰も夢ではないな。

そのときは、僕が部を代表して呼ばれることになるんだよ。

H課長　専務が講話された課長研修でも、各課の人材能力開発は担当課長としての課題であることを、何度も強調されておられました。私だけでなくI課長やJ課長も重々承知しています。

ですが、何のために資格や検定に挑戦させていくのか、それが現在の仕事にどのように役立つのか、明確に目的や理由を示して納得させないと、時間を遣り繰りしての試験勉強が持続できないのではないでしょうか？

I課長　退職OBがボケ防止で「何とか学」検定を受検するのと、次元がまったく異なりますよ。

とりあえず何か受験しろでは、本人にとっても、課にとっても、ひいては社にとっても望ましい結果は得られません。

J課長 私も個々の職務遂行能力の向上は最優先の課題であることは、認識しています。ですが、それを資格取得だけに特化されることに納得がいきません。

むしろキャリアの棚卸という見地から、尺度として資格や検定を活用する必要があるかも知れません。

今まで以上に各課員と我々課長職との面接時間を確保した方が、ワークモチベーションが引き出される可能性は高いのではないでしょうか。

部長面接も有効だと思いますよ。

K部長 君たちは時代錯誤も甚だしい！

営業の第一線に身を置いている僕にそんな暇はない！

大体ねえ、かの有名なA社、B社は社内公用語を英語にしようとしている時代だよ。グローバル人材が求められる時代にさ、そんな悠長なことを言っている場合か？

ガラパゴス化とは君らの代名詞だ。

能力主義、成果主義、業績主義という経営の常識は、君らに通じないのか？

H課長 部長、お言葉を返すようですが、わが社の立ち位置をもう一度確認しませんか。

ただ惰眠を貪っている者や、いくら指導しても成果を上げてこない者までも評価して欲しい、とは言っておりません。

日常業務で英語を使用している割合はどの程度ですか？

わが社は外資系企業やグローバル企業ではありませんよね。ローカル子会社ですよ。地元密着の販売会社ですよ。

英文カタログを読んだり、英文メールを送信する業務とて、現在は特定部署の業務です。海外業務渡航は皆無です。

キャリアパスの複線化を推進して、補助業務的なルーティーン・ワークに追われている一般職採用社員の中から抜擢で総合職転換を真剣に促していくことが、人材育成に有効ではないでしょうか？

すでに制度は導入されていますが、実態としては効果的な運用が行われているとは思えません。

ですから、それと組み合わせたインセンティブとしての資格・検定なら、受験動機の一つになりませんか。

また、有望な総合職社員を親会社に送って長期間研修を受けさせて、そこで英語力の向上にも取り組んでもらえれば良いのではありませんか。

部長自らが花も実もある研修プログラムを提案されたらどうですか？

J課長　確かに、地元採用の一般職社員の勤続年数は確実に延びてきています。結婚後も勤務し続けることが一般的になってきました。

すでに短大卒でなく四大卒の採用が中心です。補助事務的な仕事に安住してもらうよりも、能力を引き出してさらに貢献してもらう人事政策を打ち出していくべきではないでしょうか。

わが社独自のバックアップ体制の構築が不可欠です。この点こそ、他社に遅れをとっている点ですよ。

K部長　H、お前は何様のつもりだ？　まるで社長だねえ。

J、いつから人事部長になったんだ？　ここは男女共同参画社会をめぐる議論の場ではないぞ。

最初は駄目でも何度でも挑戦させろ！

この程度のことが出来なくて、何が課長だ。まったく情けない！

I課長　契約社員にも受験を求めるのでしょうか？　もし、それを契約更新の条件にするならば、まずは全社的な合意が必要ですが、部長から社長に進言してください。

いつも部長は、女性社員については、「女の幸せは結婚にある」とおっしゃっているので、婚活促進の方が良いのかとも思っていたものですから。

部長ならば本気で制度設計を立案されますよね？

H課長　各自何か一つ年度内に受験すると部で決定したならば、その遂行実現にはフォローが重要ですが、やはり部長自らそのフォローを担当していただけますよね。

ああそうそう。ところで、部長は何を目指して何を受験されますか？

K部長　ええと、今から常務と、F社の社長の接待だ。とりあえず話はしたぞ！

会議室に残った3課長からはK部長への不満が噴出した。

J課長　いつもの部長の点数稼ぎだね。

役員になりたい一心からの不純な動機としか言えないよね。

I課長　社長の発言の真意はともかくとして、部長の軽薄さには困ったものだ。

たとえ社長の真意が自己啓発の促進であったとしても、J課長の言う通り社内のインフラが整備されていない。

まだ、社長も着任早々で社内状況を把握していないようだしね。

H課長　仕事の見直しをして効率化を図ることの方が先決です。

K部長のように実際は大した仕事もしていないくせに、忙しごっこをしているだけの部長や役員連中が目に付くでしょう。特に親会社から役員で来る連中は出世すごろくでは、もはや上がりでしょう。

彼らに仕事を深めていったり、社員を育てる気などあるとは到底思えない。気楽な単身赴任生活を数年エンジョイするだけでしょう。

I課長　まったく同感！

普段が普段だからさ、妙に格好をつけたことを言い出すと、白けるんだよなあ。人員がギリギリでしょう。だから我々も一般社員も余裕がないのさ。

そのくせ、社長の着任歓迎会だの、親会社役員の視察時の昼食だの、そういうことにはやたら張り切ってるよなあ。部長はお祭り男だ。

H課長　地元就職した社員に長く勤めてもらって、地域に貢献してもらうことが大切です。

そのためにも課員一人ひとりとの面談に我々の時間を使いましょうよ。そのときに、それぞれの業務に有用な資格取得や検定受験について共に考えてあげれば、またやる気も出るでしょうから。

親会社よりも給与体系が低いからこそ、なおさら働く人を大切にしなければならない。

J課長　自分のキャリアは自分で作る。これを一人ひとりそれぞれ主体的に考えて欲しい。その一端を我々が手伝っていくことが大事なんだよな。

H課長　本当に部長は安易過ぎる。資格と聞けば目の色を変えて何の意味もなく飛びつくようでは空疎そのもの。もっと部全体をまとめるために粉骨砕身しないといけない。そのために、現場の声を丹念に拾い上げてもらいたいものです。

だが、相変わらずの上にへつらう茶坊主じゃあ、部下のことは踏み台にしか考えていないでしょう。それが言動の端々に出てくるから誰も支えませんよ。

いずれ泣きついてきますから、それまで放っておきませんか。

その間に、それぞれの課の足下を固めた方が得策ではないですか。

そして今夜は、いつもの店で3人で盛り上がりましょうよ！

目的意識に沿った行動に、結果はついてくる

上役の一挙一動にとかく過剰反応する輩のなんと多いことか。中心軸もなく、ただ漂流しているだけのミドルによく見られる光景だ。

要するに「俺はやっているんだ」と自己ＰＲしたがる「ちんどん屋さんミドル」は、枯

れ木も山の賑わい。

所詮は鞄持ち程度のことしかしていない、出来ないにもかかわらず、上司の側近・補佐役を気取り、上司とあたかも親密であるかのような虚像をことさら吹聴する。

閑話休題。

知識に磨きをかけて仕事に活かしていくことは絶対必要だ。

たとえば、営業担当者が、プロダクトアウト的な営業手法から脱却して、ソリューション型やプロポーザル型の営業に転換していくうえで、中小企業診断士の資格を取得することには、意味がある。

ただし、それも営業担当者が資格取得の必要性を自己認識することが、第一歩である。もし直属の上司が、当該資格取得によって本人の業務遂行能力が高まると判断したならば、フェイス・トゥ・フェイスの形で勧めることが必要である。

何事も「なぜ」そして「なぜならば」から始まる。上司が事実を丹念に示しつつ、丁寧に部下と擦り合わせをしながら共通認識・納得領域に導いていくものである。

部下から上司に提案や提言するときも同様ではないか。ミドルは自分の時間はいつも赤字になることを覚悟しなければ、部下や後輩の成長を手助けすることは出来ない。

さらに付言するならば、中小企業診断士として身につけたスキルやノウハウは、零細企業や個人商店などの得意先からさまざまな相談を受けるようになって、営業担当者と顧客との間に信頼の絆を作り上げて初めて活かされるものである。発揮できる場面があってこそ発揮される能力だ。

商売抜きでお役に立ちたいという純粋な気持ちから、一つひとつの相談事に熱意と誠実さをもって対応していけば、新たな顧客を紹介してくれたり、新規開拓を支援してくれる。いつものことながら、結果は後からついてくるものである。

資格取得の問題は意外にさまざまなことを想起させる

多少話が横道にそれることをお許し願いたい。一介の老私学教員の愚痴もお聴きいただければと、願う次第。

高校生が進学先を選ぶ際には卒業後の就職も視野に入れることは、このご時世にあっては当然と言えば当然だ。

大学選びも資格志向偏重になる場合が少なからず見受けられる。保育士資格を取得すれば保育園に就職出来る、看護師免許を取得すれば病院に就職出来る、等々と、父母も旧来型の「手に職をつける」ことを重視する。

もちろん「選択の自由」ではある。しかしながら、筆者の就職支援の経験則に基づく独断と偏見によれば、このような進路選択は視野が非常に狭いと思う。

社会人・職業人の先輩でもある父母こそ、働く意味や仕事の本質を娘・息子に語ってやらなければならない。家庭こそ最も小さな社会だったのではないですか。

介護士、看護師、保育士、栄養士、教員をはじめとした、いわゆる業務独占資格を有していないとその職には就けない尊い職業は多々ある。コロナ禍では、エッセンシャルワーカーと呼ばれるようになってきた。もし人手不足の現場ならば、ほぼ採用される。ここが要注意。内定は出来ても、それは働き続けられることとは別次元である。そのことを理解しないままに、「単線型の進学＝就職」の狭い道を行かせてしまっては、「資格志向の落とし穴」にはまってしまう。

内定を取ることと定着することはまったく別世界であるということだ。

看護師ならば、患者や患者の家族から慕われて、医師や同僚から信頼されるには、どのように仕事に取り組めば良いのかを教える講義は、免許科目として開設されていない。

また人間関係の中で仕事をする能力をどこで身につけ、伸ばしていくのかなどは、職業・職種に関係ない普遍的な能力である。素直さこそが勉学や仕事で成長する第一条件であることを、それぞれの場で異口同音に発信し続けることは、多少なりとも仕事人生を生きてきた者としての責務である。

中央官庁の施策を礼賛する気はないけれども、生徒や学生が将来的にどのような職に就こうとも、経済産業省が提唱している「社会人基礎力」を教育の中で養っていくことも必要ではないか。

お題目だけのキャリア教育や非現実的な即戦力論に振り回されることなく、地に足をつけた職業教育を日常の学習活動と融合させていくことが、教育機関に求められている。

もちろん教師とて例外ではなく、社会人基礎力は必要不可欠ですよ。

おっと、それより前に社会常識やマナーもお忘れなく。

4 組織の危機に背を向けるようではリーダーではない

人事担当のD専務がE取締役人事部長とF取締役財務部長に、K部長の処遇について悶々としながら打ち明けていた。

D専務　絶対に他言は無用で聴いてもらいたい。

K部長を次期取締役にという社長の意向なんだがね。

僕としては時期尚早ではないかということで、見送りを進言したんだが……。まあ上の意向だから、如何ともし難い。

E部長 ただ僕なりに、もう一度再考を促してみたいと思う。

D専務 えっ、まさか彼が。本当ですか。いや、それは……。

E部長 そうだろう。実は副社長も困っているんだよ。副社長も僕も、K部長の年次ならば実力的にも人間的にも、G部長の昇格が順当だと考えていたからねえ。

F部長 知る限りでは、やはりK部長の評判は芳《かんば》しくないです。部下からの信頼がまったく無いようですね。

E部長 その通りです。彼では取締役の任に堪えられません。能力的には論外である上に、人間性にも問題ありです。現在の彼の職責とて納得していない同期連中、後輩連中が多々いることも事実です。

D専務 どうして、そういう話が出てくるんでしょうか？社長の奥様の後押しですか？

D専務 まあ、当たらずとも遠からずということしか、僕は言えないがね。

彼は細君共々、会長や社長夫人に取り入っているとのもっぱらの噂だから、それに尾ひれが付いて話が大きくなるのは仕方がない。だが、火の無い所に煙は立たずだ。

情実人事が横行すれば、社員全員の士気が低下する。君たちに愚痴を聞いてもらっているようだが、僕も組織人として、最後は社長や会長の決定には従うしかない。

サラリーマン重役ってのも、所詮は虚しいねえ。

E部長　K部長はことあるごとに、「これからは実力主義・能力主義の時代に沿った人材の育成と登用をしなければならない」と叫んでいます。

なのに前近代的な処世術を使って階段を上っていくことには、私は承服できません。

K部長の業績など皆無ですよ。部下の手柄を自分のものにしてごまかしているんです。

二代目社長はどこを見ているのか。完全に失望しました！

D専務　あの婿養子は端《はな》から社長の器ではないよ。会長の言いなりだろうさ。この先が思いやられる。

会長は、再婚して以来どこかおかしい。Kなら、昔の下男のように自分の言うことを忠実に果たすだろうと思ったのかもしれない。自らのお庭番が欲しいのさ。何事にも踵《かかと》を揃えて「アイアイサー」のKが、駒として手ごろなんだろう。

E部長　私が会長と社長に直接話しましょうか？ 経営環境が年々厳しくなっている最近の状況では、社員が一体感をもって難局に向かっていかなければならないときです。

この人事が実現すれば社内全体が白けます。モラールも低下します。

D専務　それは止めてくれ。君が返り討ちに遭う。

僕は会社のためには君を残しておきたいんだ。これから幾つも大きなヤマ場がある。そのときは君の出番だから、ここは何とか……。

E部長　それでは、人事部長として何も出来ないということですか。

トップ自ら公正な人事を行わなくて、何が人材基盤経営ですか。

D専務　往々にして創業者オーナーは、会社を個人の所有物と勘違いしてしまう。非上場企業の哀しい性《さが》とも言えるが、結局はうちもそういう会社だったんだよ。

異論を唱えた僕も副社長も、そう遠くない将来に退任させられることになるだろう。

だからここはエース温存なんだ。

メインバンクから出向しているF部長は、ただ唖然《あぜん》とするばかりであった。

その日の夜、内々の取締役就任予定を告げられたK部長は、嫌がるH、I、Jの3課長を無理やり誘って飲みに繰り出した。


K部長　ここだけの話にしてくれよ。

取締役への就任を要請されたんだ。

それも会長から直々なんだよ。

よほど俺の行動力を信頼してくれているんだなあ。

会長は「副社長や専務などは気にせずに思い切ってやればいい。また社長の教育も任せるぞ」と、言ってくれている。

まあ、あのワンマン会長の懐刀として行動することが出来る切れ者は、この俺だけかもしれないしな！

H課長　それはよかったですね。

I課長　そうですか。

J課長　口八丁手八丁、寝技・立ち技なんでも有りの部長ゆえ、その成せる業の結果でしょうね。

K部長　お前ら、俺の出世を喜んではいないのか？
いいか、組織というものは親分あっての子分だ。親分の昇格を喜ばない部下など、俺の常識では考えられないね。
上司は立てておいた方がいいんじゃないか。そうでないと、後でしっぺ返しを食らうことにもなりかねないぞ！

3課長は、K部長の恫喝《どうかつ》まがいの発言にも何ら動揺することなく無表情のまま。

H課長　取締役就任後の担当業務はどうなりますか？

I課長　部は移られますよね？

K部長　希望を聞かれれば、人事部長か経営企画部長でも希望するか。
どうだI君。もっと忠誠心を示さないと、君の居場所がなくなるぞ？

I課長は返事もせずに視線をそらせた。
そして短いお通夜のような時間が過ぎた。

K部長 じゃ、これで！
実は会長に呼ばれているんだ。
今夜の話は正式発表までは黙っててくれよ。いいな！

残った3課長は憤懣《ふんまん》やるかたない。

I課長 部長が取締役だって？
冗談じゃない。これじゃ、やってられないよ！

J課長 僕も同じだ。でも、やっぱりそうかという感じだ。嫌な予感が的中してしまった。
これまで散々部下の手柄を横取りして自己PRしながら、その一方で、いつも苦言を呈していた当時のL部長を地方支店勤務に追いやったのも、D専務や副社長を飛び越えて社長や会長に取り入ったからに他ならないよ。

あのときはL部長に同情が集まった。我々の最後の希望の星であるE部長も、K部長のことでは怒り心頭だろうなあ。

H課長　人事は水物ですから、最後の最後までわかりませんよ。

あの会長は老害を絵に描いたような人です。逆に引き際、身の処し方がわからないまま続投したく、婿養子を形だけの社長に置きました。まだまだ雄心勃勃《ゆうしんぼつぼつ》。わが社の後白河法皇として振る舞いますよ。

ですから今後、K部長が会長から少しでも勘気を被《こうむ》ることにでもなれば、話は終わって糠《ぬか》喜び、その後は店晒《たなざら》しの見切り品扱いにならないとも限らない。

その後しばらくして、3課長はそれぞれ別れていったが、H課長は事前に呼び出しを受けていたE人事部長、F財務部長と会った。

E部長　Kが取締役就任など、あってはならないことだ。

I君、J君もそう思っているんだろう。フォロワーシップが得られない奴が経営の一端を担ってはならない。

H課長 会長は、とうとうパンドラの箱を開けてしまいましたね。

F部長 Kの取締役就任が、あの古代ギリシャ神話の寓話「パンドラの箱」だって？

E部長 二代目社長は無能だ。人望のあった副社長や専務は退場が間近い。

経営が不安定さを増しつつあるときに、功罪で見れば罪が目立ち始めた会長がKを重用するならば、「殿ご乱心」となって、社内全体にさらに閉塞感が広がってしまう。まさにパンドラの箱だよ。

H課長 天から火を盗み取ったプロメテウスの義妹パンドラは、オリンポスの神々から「決して開けてはならない」と言われて受け取った箱を開けた。開けた箱からは怒り、悲しみをはじめとして、ありとあらゆる災いが飛び出して世界を埋めた。

そういう話ですが、実は「パンドラの箱」の寓話には異伝があるそうです。それによれば、すべてが飛び出した後に、箱には希望だけが残ったというものでした。

E部長 専務は俺に忍耐を求めたが、君の意見を聞きたい。

H課長 K部長に今以上の権力を持たせてはいけないと思います。ぜひここは断固行動してください。ミドル層や若手は必ず部長の熱き思いを支持しますから。

E部長 わかった。ここはプロパー役員の正念場だ。俺は腹を決めたからな。

F部長、明日の朝一番に銀行の秘書室に連絡を取ってください。

頭取との面会をお願いしたいんだが。

F部長　わかりました。私も覚悟を決めて同席させていただきます。

数日後のとある午後、会長室から戻ったK部長は空蝉《うつせみ》そのものであった。H課長、I課長、J課長の誰もがK部長に声もかけないまま、何気なく業務に励んでいた。

表向きには、メインバンクが、追加融資の見返りとしてF取締役以外にさらなる取締役ポストを求めてきた結果、K部長が割を食った形となったことにされた。

もちろん真相は異なる。「人生は近くで見れば悲劇だが、遠くから見れば喜劇だ」という言葉を地で行った。

その夜、E部長とH課長は、ひっそりと杯を傾けていた。

E部長　本当に人事は恐ろしい。事実は小説よりも奇なりか。

H課長　K部長にとっては、まさに邯鄲《かんたん》の夢でしたね。

E部長　彼にとっては取締役の夢も、夢のまた夢。見果てぬ夢だ。

ワンマン経営者も泣く子と銀行筋には勝てぬ。メインバンクの力は衰えたりといえども健在だった。メインバンクもさ、いい仕事をしたということだ。これでいいんだよなあ？

H課長　K部長の猟官運動は、我々の世代から見れば滑稽《こっけい》でした。処世術と社内力学だけで人事が左右される時代は、もはや過ぎ去ろうとしているということですか。わが社にも「実力と人望」の夜明けが来たようですね。

自己成長こそが仕事の報酬である

組織で権力を掌握するための条件が「金と人事」を掌中に収めることであることは、洋の東西を問わず真実なり。ただし、絶対権力は腐敗することも、これまた普遍の真理。権力の濫用が組織の衰亡を招くことは、歴史が証明している。

企業経営とて例外ではない。ある経営評論家の解説によれば、権限における社長と副社長との差は、副社長と平社員との差よりも遥かに大きいという。それほどまでに経営トップの権限は絶大だ。

「ポストが人を育てる」との言説もあるけれども、そこには崩してはならない前提がある。

まず、そもそもポストは獲得するものではなく、与えられるものである。

さらに重要なことは、与える側が与えられる者と与え方を間違ってはいけないことだ。けれども、求める者の美しき錯覚と甘美な期待、そして与える者の大いなる打算と重大な過ちが往々にしてある。

上場している大企業であっても不可思議な人事は、いまだ枚挙にいとまがないことも周知の通り。成果主義や能力主義などが叫ばれて久しいが、それは正体見たり枯れ尾花か。目の前の仕事に私心なく誠実かつ熱心に取り組んでいくならば、周囲から何となく認められていくものだ。さらに人間的魅力があるならば、先輩や上司からは可愛がられ、後輩や部下からは慕われる。

E部長に決断と行動に踏み切らせたものは何か。H課長の熱意あふれる説得だけでなく、長年積み重なったH課長への信頼があったのだ。

人事の不平不満を言い回る暇があるならば、粛々と仕事に専念していくことだ。「そうは言っても……」は「心の体力」が弱い何よりの証拠。IQ（知能指数）とEQ（感情指数）を努力によって高めつつ、仕事を通して自らを成長させていく気構えが欲しい。3年程度で離職して、その仕事の何がわかるというのか。

景気と同じく、人生山あり谷あり。だが、拠って立つ所と心の友がいるならば、人事に一喜一憂することは何ら無用。地に足をつけて「一歩ずつ一歩ずつ」ではないか。

働き続けてこそ得られるものは、それこそ無尽蔵の埋蔵金とも言うべき自己成長である。

第五章

ミドル進化論

焦らず、力まず、「中器晩成」を目指そう

「この年になるとね……」という言葉は、極めて含蓄のある言葉ではないであろうか。

社会人として、組織人として、かなりのキャリアを土台にして初めて口にできる言葉であろう。ただ齢《よわい》を重ねただけでは意味がない。

ナイスミドルと呼ばれる者こそが、まさにその言葉が似合うのではないだろうか。それでは、ナイスミドルとは何か。白昼夢かもしれないけれども、かつてナイスミドルを願った老教師が、その条件を考えてみた。

第一に、仕事に取り組む姿勢が挙げられる。

仕事で成果を出すことは当然であろうが、困難な問題や業務に挑戦する姿勢とともに、仕事の進め方や仕事の質にこだわることが重要である。安易な取り組み、あるいはただ単に楽をすることからは、飛躍や成長は見込めるはずもなく、ましてや達成感や存在証明は得られない。水が低きに流れるように、怠惰や怠慢は奈落の底まで際限がない。

徳川家康の遺訓にも、「人の一生は重荷を負うて遠き道を行くがごとし」とあるように、自分の人生にのしかかる苦難は自ら背負うしかないと覚悟を決めれば、孤独や不安と

戦いながらも挑戦する気持ちを持続させることになる。

　不本意な仕事であっても、試行錯誤の繰り返しや悩み抜くことから逃げないことがタフネスの源。それが、人間の幅を広げ、奥行きを深くする。不公正や理不尽は、己の耐性を鍛える。人の口には戸は立てられぬ。功を焦らず。功を誇らず。汗を流して真剣に仕事に取り組む姿を、きっと誰かが見ているよ。陰の応援団のサプリメントをもらって「仕事人」と呼ばれるミドルになるべきだ。そして「うれしい」「ありがとう」をさりげなく言いたいものだ。


　金銭的報酬や地位などの外発的な動機を否定するものではない。だが、自己決定という内発的な動機を最も大切にしたい。したり顔で「怪説」する眼高手低の評論家野郎の中傷・非難など、どこ吹く風。小手先の処世術、打算的な行動よ、グッドバイ。陰湿な男の嫉妬をかわしつつ、自己宣伝することなく自分の仕事に徹底して打ち込んでいく姿は、なかなかストイックだ。基本に忠実であればあるほど、すぐには結果が出ない。しかし、手抜きは必ず露見する。天網恢恢《てんもうかいかい》疎《そ》にして漏らさず。

　派手さがないゆえに、ひたむきに正道を歩んでいく者の侮り難さを、人は見落としがちである。ひたむきさは、人生後半戦のアドバンテージとなる。

第二は、周囲から好感を持たれることである。

ビジネスの現場では、人間関係の中で仕事をする能力や、組織の中で仕事をする能力も必要となる。それらの基本は、礼儀正しく誠意をもって行動することだ。

社会常識やマナーは身過ぎ世過ぎのパスポート。誰にでも挨拶と笑顔そして親切を心がける。謙虚さと律儀さもお忘れなく。人によって接し方を変えてはいけない。傲慢と自己過信の厚化粧をして、権限や役職を笠に着て弱い立場の者に横柄に振る舞うことは、醜態そのもの。「肩書きは仮の姿ですよ」とのささやきに耳を傾け、威張るな、怒鳴るな、拗《す》ねるなである。

ミドルは、とりわけ後輩や部下から尊敬されなければならない。話を聴く、相談に乗る、励ます、助言をする、世話をするなど、まずは思いやりをもった対応を。

話し方もさることながら聴き方が大事。耳はダンボの耳となり、表情は優しさをたたえて。仕事には厳しくとも、話のわかる頼りがいのある先輩でなくてはならない。

そのためには、あるだけのEQ（感情指数）と、人様より少し多めに「金と時間と気」をつかうこと、そして恩に着せないこと。「金に汚い」「ずるい」「いやらしい」「冷たい」などの判決が一度下されたならば、それはすぐに広まるだけでなく、死神のように一生涯つきまとうことになる。

ミドルの試練は、思考停止に陥ることなく自己の成長を図ることと、人生の先輩として後輩を育てることの二兎を追わなければならないことである。

この試練に向き合うと、恩返しに自信をくれる。

情のない冷淡な人間や食言が平気な人間、その場その場で上手く人を利用するだけの不誠実な人間からは、人は離れていく。

ナイスミドルは、脇が甘く懐が深い人間だ。後輩や部下に対してはギブ・アンド・テイクではなく、ギブ、ギブ、ギブ……の精神で。多忙などと格好をつけずに時間を作ってあげよう。商売同様、人が寄ってきてこそだと考えよう。与えるものがなければ、機会をとらえてちょっとしたご馳走をするだけでもよい。可能な範囲で身銭を切れる人であった方がよい。

第三は外見である。

外見は服装ありき。着る人の中身は服装に自ずとにじみ出る。自分の人間としての品格を「服装が代わって語ってくれる」ように装いなさい。

清潔感と気品、そして重厚さを求めよう。目立たなくともお洒落なミドルの存在感が自然と漂うように。
仕事に打ち込むことに精一杯努力しつつ人間関係も大切にする。そして、身だしなみを整える。これらは、当然と言えば当然のことでもある。しかし、言うは易く、行うは難し。当然のことを日々粛々と実践していくことほど困難なものはない。機会の平等は保証されているとしても、結果は保証されていないし、公平でなく公正である。

生まれ変われるものならばナイスミドルを目指してもう一仕事やりたいものだ。仕事人生の黄昏《たそがれ》を迎えても想いはそのまま。快活の小鳥がさえずり、充実の木漏れ日が差す「スローキャリア」の小径を、ひっそりと咲く敬愛の花に微笑みながら歩きたい。それは地図にない小径。あるときは立ち止まり、あるときは急ぎ足で。のどの渇きは思い出で潤し、夢に出会えば道連れとする。

最近は、中高年の自殺者の増加、中高年の非正規雇用者の増加、中高年の生活習慣病など、ミドル受難の時代であるかのような暗い話題が多い。
心理学者ユングは、四〇歳を「人生の正午」と呼んだ。平均寿命が延びた現代ではそれは、四〇～五〇歳ぐらいの幅を持たせてもいいのかもしれない。この「人生の正午」をどのようにとらえるかによって、人生の後半戦をどのように生き抜いていくか、その方法は大きく変わってくる。

太陽は最も高く上った。後はゆっくり日没に向けて沈んでいくだけであると考えるならば、「私はこれまで十分仕事をやってきた。もうこれでいい」あるいは「私は仕事よりも他に没頭するものを見つける」という姿勢が芽生えてくる。

前者は自己停滞、後者は自己埋没とでも言えようか。人間とはかくも弱き者である。「性弱説」もむべなるかな。妥協や安易あるいは怠惰や堕落という桃源郷に一度足を踏み入れたならば、居心地がよくてそこからはなかなか脱出出来ない。そして安住してしまうと、もはや抜け出す意志も行動力も失われてしまう。

ひとたび停滞すると、めまぐるしい環境変化にも見て見ぬ振りをして、改善や改革の提案をすることや、見直しに取り組むことなど決してしない。前例踏襲主義をかたくなに守って、発想を変えない、新しい仕事に挑戦しない、等々。

やらないと決めたならば「不誠実一路」と成り下がる。やらない理由を出来ない理由にすりかえて、弁解・泣き言・責任転嫁・他者批判・組織批判、はては評価への不満など、滔々とまくし立てることは超一流。その代わり、楽して金だけもらえる、退職後の再就職を内々確保したり、年金計算などのマネープランを綿密に立てている。

また、自己埋没と聞くと、渡辺淳一の小説に登場する主人公をついつい思い出してしまう。『失楽園』の久木祥一郎、『愛の流刑地』の村尾菊治など、耽溺《たんでき》の世界は男女小説のテーマとして恰好である。

主人公たちは猛烈に仕事をやりながら、束の間の逢瀬に身を投じるというのではない。常に愛人のことが頭から離れずに、不倫関係に没頭しつつ、その合間を埋める形で仕事をしているように思える。心、仕事にあらず。ただただ逸楽のオフあるのみ。人生の快楽こここにありなのだろうか？　小説だからと言ってしまえば、それまでであるが、虚構の世界でも結末は哀れなようだ。愛欲の世界の中で「短くも美しく燃える」ことも人生、それは「リア充」の類かもしれないが、あまりにも儚《はかな》すぎはしないか。

人間は二〇年、三〇年、四〇年と仕事を続けてこそ、生涯にわたって発達し続けるという長期的視点に立つならば、自己停滞や自己埋没などとは無縁の世界に身を置いて、仕事に真剣に向き合いながら、日々地道な努力を積み重ねていかなければならない。

よく「仕事を通して自己実現を目指す」と言われるが、自己実現とは目指すものなのであろうか。それはむしろ生きる姿勢であり、生きてきた結果である。言い換えれば、自己実現は自覚出来るものではない。あくまでも他人による評価だと思うのだが。

他方、「人生の正午」を次のようにとらえることも出来よう。正午を過ぎて太陽の角度が斜めになってくると、午前では背景に隠れていた影の部分に日があたる。今まで気づかなかった自分に気づくことや、忘れていた自分を取り戻すことが出来るのではないか。その転換期が「人生の正午」とも言えるのでは。

人生を長距離走にたとえるならば、ミドルは折り返し地点である。折り返し地点に立って、現実から眼をそらすことなく、もう一度自分を見つめ直したとき、まだ半分も走れるではないかと思いたい。途中棄権など論外。見果てぬ夢にとらわれることから解放されて、実現可能な目標に向かって自分の歩幅で走れるようになるのだ。その目標とは、人生全体の牽引車となる、最終到達点とも呼ぶべき究極のものでありたいものだ。自己再認識と自己選択で定めたペースを守るならば、着順よりも完走が何よりも大事である。孤高の市民ランナーでよいではないか。あくまでもマイペースで、長距離走を楽しむだけであっても。

梅棹忠夫《うめさおただお》氏が指摘されたように、時代の潮流は「生きがい」から「生き方」に変わってきていると思う。

単なる年功序列で年齢さえ重ねていけば、地位や報酬が約束される時代は過ぎた。他方、自己中心的な上昇志向だけでは、人生の充実は実現出来ないのではないか。これまで歩んできたキャリアの階段での位置エネルギーよりも、これまで蓄えてきた運動エネルギーを可能な限り活用して、人生の後半戦でもう一度勝負したいものである。

哲学者ヒルティは、「人生の最も望ましい終結は、最後の息をひきとるまで活動を続け、仕事のさなかで倒れること」と言っている。

人生二毛作、三毛作の時代では、「最低八〇歳まで働くぞ」と言ってこそ、時代に適応する。もちろん金のためだけでは、悲しいものがある。野村克也氏の名言「生涯一捕手」になぞらえて言うならば、「生涯一銀行員」「生涯一営業マン」「生涯一インストラクター」の人生も有意義ではないか。

大器晩成などと、大それたことを望む必要はない。小器を自負する筆者のささやかな観察によれば、世の中には、大器はさほど見かけない。希少だからこそ、大器の値打ちがある。

はなはだ失礼ながら、無理に大器など目指しても、大願成就しない。それゆえ、今は亡き名作家の山田智彦氏が唱えた「中器晩成」を目指す生き方に共感した。

人生後半に訪れるであろう「晩成」を愉しみに、分相応の限界をわきまえて、背伸びをせず地に足をつけた形で、一歩一歩着実に進んでいく。若さから老いへの曲がり角にたたずむ甘美なロマンチストこそ、冷徹なリアリストである。自己過信は絶対禁物。

かように「人生の正午」は「人生の黄昏」の始まりではなく、「人生の転機」の始まりである。医学者E・J・スティーグリッツは、運動機能や生殖機能は二〇歳代を境にして下降し、四〇歳代で急激に低下するものの、知能・感情・意志などの精神機能は六〇歳代まで上昇する、と指摘している。

ミドルの原動力は、成熟した知性と強い意志に裏付けられた挑戦心、そしてワークモチベーション（仕事動機）である。それは付与されるものではなく、自ら引き出すものである。仕事のモチベーションは仕事でしか作れない。夢を描きながら困難から逃げることなく、仕事を通じてモチベーションを引き出していくならば、充実した「人生の午後」を満喫出来る。もし、疲れを感じたならば、暖かい「陽だまりの公園」でひと休みして、往き交う人に眼を遣りながら、これまでの人生をゆっくり振り返ってみるのもいい。

人間は汗水たらして努力して、初めて夢を語ることが出来るのではないであろうか。夢が破れたら、また次の夢を見ればよい。その繰り返しによって、本当の夢に近づいていく。自分で自分の夢を語ることが出来るようになるためにも、自分の生き方を持っていなくてはならない。それには仕事生活に全力投球することを体験することが、前提条件となるのでは。

ドイツの文豪ゲーテは『ファウスト』の中で、「絶えず努力する者は救われる」と語った。「絶えず努力する者の夢は必ず実現する」ことを信じつつ、人生の後半戦に積極的に挑戦していくミドルでありたい。

部下育成の成否は「情」の使い方にかかっている

ミドルの悲哀すなわち中間管理職の悲哀と言えば、上司と部下に挟まれて苦労する場面をまず想像してしまう。人生のかなりの時期を組織の中で生きていかなければならないことを前提とするならば、上司や同僚との人間関係、部下や後輩との人間関係から逃れることは出来ない。ならば、どのような人間関係を築いていくか。それには、ミドル個人個人の価値観や人生観、あるいは性格や能力を投影した、人間関係の構築力や維持力が基盤となる。

ミドルの付加価値とは何かと考えたときに、最初に思い浮かぶことは、「部下の育成」である。育成とは少し不遜な響きが無きにしも非ずだが、要するに部下が仕事を通して成長することを手助けすること、と解釈することが出来る。

思考停止に陥ることなく自己の成長を図ること、および部下や後輩を育てること、あるいは育つ場を作ることという、いわば二正面作戦を遂行していかなければならない。きついことではあるが、これから逃げては「人生の午後」を生きていくことは出来ない。

縁あって職場を共にしたならば、「○○さんの下で、仕事が出来てよかったです」「○○さんに相談に乗っていただき、考え直しました」「○○さんのお蔭で自信を持ちました」「○○さんから教えていただいたことは生涯忘れません」「○○さんの一言で救われました」などと言われることは、まさにミドル冥利に尽きるのではないか。評価や結果は後からついてくるものである。教師が学生の成長した姿に相好《そうごう》を崩すことと相通じる。

ただし、甘やかしていては人は育たない。それは教育の場でも同様である。学生を思いやって大切にすることは当然である。だが、学生に迎合しようとして、学生の位置まで自ら降りていく必要はない。もちろんそうすれば、学生と教師の距離が縮まって、親密で楽しい関係は築かれよう。しかし、やがて得るものがないとわかると、学生は離れていく。

教育大衆化の時代であっても、学生が教師に人間的魅力を感じる理由は、知識や経験だけではない。純粋なまでの人生観、生きる力となる成熟した知性や常識をわきまえた分別、過程を大切にする指導や支援の意味、成長を願うゆえの愛情に裏打ちされた叱責などを、教師の中に見つけ出すからではないだろうか。

「育成」という視点からは、ミドルの部下育成も、教師の学生指導も同根である。さらに親の子育てもしかり。

それでは、部下の育成に必要なものとは何か。長らく学校社会に身を置いてきた者の私見ながら、それは「人を動かす何か」「この人についていきたいと思わせる何か」であろう。言い換えれば、地位や肩書き以外の人間的魅力で惹《ひ》きつけることが出来るか否かである。広い意味では能力と言えよう。

私のささやかな教師経験からそれらを類推してみたい。

第一に、褒めるにしろ叱るにしろ、自己中心的な朝令暮改型ではいけない。首尾一貫した基準や態度が求められる。

相手によって対応を変えることは軽蔑される。部下への見え透いたお世辞やへつらいは見苦しい。巧言令色鮮《すくな》し仁。心がこもっていない形だけの所作は、すぐに見破られる。

また、叱るときには納得感をいかに持たせるかである。「○○の話は傾聴に値する」「○○が言うことは正論だ」と、相手が思わなければ、聞く振りだけされるのが落ちだ。

他方、人を導く者は「自分は完璧な人間だ」という幻想を抱いてはいけない。傲慢と自己過信は禁物。日頃の言動から、部下は上司の能力や性向をいとも簡単に見抜いてしまう。上の者に対しては誰もが眼光鋭い。実力もないくせに社内遊泳術だけで上がって来た者ほど、権限を振りかざしても簡単に底が割れてしまう。ゆえに、ミドルは、メタ認知を心がけるとともに、勉強の継続と人格の陶冶《とうや》に邁進しなくてはならない。まさに自己修養と自己鍛錬の求道者であれ。

第二に、現代の若者は理論や論理で、あるいは原理・原則で納得させないと動かない。彼らは、以心伝心、阿吽《あうん》の呼吸などとは隔絶された世界に生きている。「私たちが若かった頃には……」とは、ゆめゆめ言うなかれ。過去の経験則など通用しない。一を聞いて十を知るなど、正直自分たちもできていましたか？

指導とは、ある意味では忍耐である。命令という伝家の宝刀を抜けば簡単かも知れないが、面従腹背でその場だけをやり過ごされてしまう。仕事を通した成長を願うならば、相手が理解するまで根拠を示しつつ説明しなくてはならない。もちろん、部下の言い分にも耳を傾けなければならない。話を途中でさえぎることなく、部下の声を掬《すく》い上げることである。一度は受け止めてやる度量がなくてはならない。それから、その是非を判断しても遅くはない。ミドルの独善は、百害あって一利なし。

第三に、部下とて人間、弱き者。悩みを打ち明けたいときや励ましてもらいたいときに、安心して話が出来る相談者を求めている。部下の「心のケア」には誠実に対応すべきである。

まずは部下の話を聴かなければならない。聴いてもらうだけでも相手は癒される。普段厳しくとも、ここでは優しさが、ミドルには求められる。

心の痛みに共感することなく、一方的に助言することは、ミドルの単なる自己満足に過ぎない。その共感力は、人生経験の深さや辛酸を嘗めてきた度合によるかもしれない。恥多き回り道や無駄飯も、こういう場面では役立つ。ただし、「あくまでも一つの意見だけれども……」「参考になるかどうかわからないけれども……」と、一歩引いた表現を使って、謙虚な姿勢を忘れずに。

心に染み込んでいくような助言や、気を取り直して行動できるような励ましをすることは、思いやりの気持ちがないと出来ない。お肌の潤いは化粧品で可能かも知れないけれども、心に潤いを与えるものは心ではないか。やはり情だ。冷血動物のミドルの場合は、ほんのちょっとした態度にも冷たさが表れる。口先だけか親身かは、一目瞭然《いちもくりょうぜん》である。

第四に、部下のロールモデルにならなくてはいけない。仕事に取り組む過程において、目標になるべきものを示していくことである。与えられた条件の中で最善を尽くすべく、論理的思考や戦略的思考を重ねつつ、挑戦する姿勢を貫くことである。それが、部下に自己効力感を与えることになる。さすれば、ワークモチベーションも引き出してくれる。集団実現に部下を巻き込んでいく。

だが、すべて成功するとは限らない。過ちや失敗は、責任転嫁せずに素直に謝罪すればよい。潔さは絶対不可欠。打開策は部下にも相談しよう。保身は直ちに信用失墜。

教師自らが学生時代の恩師から何らかの影響を受けているように、若手部下もその直属の上司からなにがしかの影響を受けるのではないか。良きことも悪しきことも。真のミドルは、有能に仕事が出来るとともに部下の能力も伸ばしていく。教えることは学ぶこと。他者育成こそ自己成長の根源。「サーバント・リーダーシップ」（R・K・グリーンリーフ）を持ったミドルこそ、敬愛されて止まない。

感情的にならず上役に物を言える力をつけよ

組織の中でそれなりの期間仕事を続けていくと、「雉《きじ》も鳴かずば撃たれまい」「沈黙は金なり」「寄らば大樹の陰」「勝ち馬に乗る」という諺《ことわざ》、あるいは「もっと大人になれよ」「勤めて何年になるんだよ。青臭い議論は止めろよ」「ここで生きていくつもりなら、もっと上手くやれよ」「そこまで給料もらってないだろう、ほどほどにさ」などの金言もどきを、少なからず聞くであろう。それらは果たして、「和をもって貴し」としてきた先人の「偉大なる知恵」なのか。

ミドルの真価が問われることの一つに、上司に物が言えるか否かが挙げられる。たとえば、部下や後輩に高圧的な言動を示す一方で、上司の前では一転、薄ら笑いを浮かべて媚びへつらうようなミドルは、部下や後輩からは必ずや軽蔑の対象となる。とりわけ若手社員の眼は厳しい。

あくまでも企業勤務経験のない筆者の独断と偏見ではあるが、これまで組織への関与や従属に、エネルギーを傾注しすぎたミドルが多いのではないだろうか。

組織に過剰に適応してしまうと、逆に環境変化に対する柔軟な適応力が失われてしまう。仕事を通して自己の成長を図るという視点に立つならば、問答無用の忠誠心をもって組織に過剰適応することは、明らかに自己の成長を阻害する。

組織人として協調性は必要ではあるかもしれない。だが、「奴隷」とか「歯車」とか言われるほどまでに自我を殺す必要はない。「和して同ぜず」で仕事にこだわり、自分を成長させる生き方をしていくべきなのは、人間として当たり前である。

ミドルが組織や上司を大切に思いつつも考えに考え抜いて、それでも仕事の質を高めて組織にとって有用であると判断したならば、多少の摩擦は覚悟の上で提案や発言をすべきではないか。ビジネスマナーをわきまえて根拠を示しつつ話せば、まともな上司である限り聞く耳はあるものだ。

組織依存症に陥らず、自律的な自分らしいキャリアを作り上げていくことは、「声を上げていく」すなわち多少なりともリスクを取っていくことでもあろう。

自己の保身や出世のために小賢しく組織内を上手く泳いでいるつもりでも、部下や後輩は必ず見抜いている。ゆえに信頼度ゼロ。自問自答して、自省して、なおかつ自己の提案や意見に確信が持てるならば、上司の心証を恐れてはいけない。

人事とは人が人を動かすという、最もサディスティックな行為とも言える。露骨な情実人事や報復人事は別として、組織では公正に近い人事か、公正に見せかけた人事しかない。

所詮、人事とは「ひとごと」。そう思えば、気持ちも楽になる。意欲を持って堂々と生きよう。

組織人である以上、もちろん、昇進や昇格を否定するものではない。いわゆる出世の階段を上っていくことは、より大きい権限や責任の範囲で仕事の世界を広げていくことであり、さらなるリーダーシップを発揮する立場に近づくことでもある。仕事を通して成長していくことにつながれば、それは極めて望ましいことである。

問題は、人の上に立つだけの器ではない者が肩書きだけの出世をしていることである。そして、やたら権限だけを振りかざしているがゆえに、部下からは軽蔑されていることである。さらに滑稽なことは本人がそれを認識していないことである。地位や肩書きは求めるものではなく、それらは与えられるものであったとしても、やはり社内価値と社外価値を一致させていくことが、本来あるべき姿。

そのような輩を反面教師としつつ、変革を志向する革新的ミドルあるいは創造的ミドルを目指すならば、仕事の過程を含めて仕事全体に深く関与することに対して、もっと意識的に努力しなければならない。それこそが真の「仕事人」の姿ではないか。結果は後からついてくる。

心理学者ドナルド・ペルツが提唱した「上方影響力」は有名だが、せめてミドルは、説明や説得を含めて感情的になることなく、上司に物が言える力を培って行使していかなくてはならない。

「何のために働いているのですか」という部下からの根源的な問いかけに対して、自分自身の人生観や価値観を投影した仕事観を自分の言葉で語るためにも、物を言うことは必要である。それは仕事をすることに意味を見出して、自分らしいキャリア形成を目指すことにもつながっていく。それゆえ、外発的動機もさることながら、「自己選択」「自己決定」という内発的動機をもっと大切にしていきたいものだ。

上司の考え方も理解して、上司や組織のために尽力することは、組織人のミドルとしては当然である。しかし、ただの追従者に成り下がるのではなく、自らの仕事観を踏まえて、自己の果たすべき役割を追求していかなければならない。ときには苦言や直言・諫言も必要だ。

部下の気持ちを代弁して上司に物を言うためには、上司に心底信頼されていないといけない。上司を選べないことは自明の理ではあるが、実績の積み上げや日常の言動を通して「心の距離」を近づけておきたい。

誠実さと熱心さ、そして気配りは絶対不可欠。「まず、あなたの意見を聴きたい」「これについて、あなたはどう思う」「愚痴を聴いてくれないか」と、逆アドバイザーや逆メンターの関係が構築されていることが理想的。

一つ一つ煉瓦《れんが》を積むように、仕事の上で「信頼の蓄積」を日々築いていく過程を生き抜いてこそ、物言えるミドルとなる。安易に考えてはいけない。絶対に手抜きしてはいけない。辛くても逃げてはいけない。その挑戦する姿を部下や後輩は必ず見ている。必ず応援してくれる。

曖昧な指示や回答は自分の足元を危うくする

「もっと頑張れよ」「要はやる気だよ」などと、誰しも一度は上司や先輩から言われた経験があるのではないだろうか。また、「なぜですか。理由は何ですか」と聞けば、「総合的に判断してだよ」あるいは「上がそう言うんだよ。仕方ないだろう」とのつれない回答だけが返ってきたこともあるのでは?

曖昧や漠然など、灰色の世界は日本人好みではあるが、これらの言葉ほど抽象的な表現はない。何をどのようにすればよいのか、あるいは一体どうなっているのか、まったくもって指し示してはいない。迷いと惑いの同時進行と相成る。モラールも低下する。

『方法叙説』を著したフランスの哲学者デカルトは「よく考え抜かれたことは明晰な表現をとる」と言った。

育ててこそミドルならば、部下に対して一方的に抽象的なことしか話せない人は、学生にただ「勉強不足だ」としか言えない、教育力貧弱な教師と同類項。コミュニケーション不足を超えて、管理職としての能力不足そして資質欠如を露呈している。

仕事とは崇高なものである。なぜならば、人は目標を持って意欲的に仕事にかかわるならば、仕事を通して人間的にも成長していく可能性が大きく開かれるからである。それゆえ、仕事への取り組み方や働く姿勢、あるいは日常の仕事の現場における言動から、その人の人格や価値観が読み取れる。仕事とは単に生活の糧となるだけでなく、人生の糧でもあるのだ。

一般に仕事は、組織や人間関係の中で行われる。現代のような変化の激しい時代にあっては、組織の一人ひとりが、指示待ちではなく自分の頭で考えて自分で判断して、積極的に行動することが求められる。自律と自立が必要となる。加えて、同時に「協働」することも求められる。

第一線で働くリーダーは、たとえ小さくとも、まさにこのような協調型能力組織を作り上げて活かしていかなければならない。そのためには、ミドルには求心力とともに応用力が必要だ。言い換えれば、何よりも信頼関係を基盤とした組織を構築することが求められる。

組織の力とは、「個」と「全体」の調和の上に成立すると仮定するならば、明確な目標を設定して、部下に対して納得いくまで説明しなければならない。疑問が出れば、誠実かつ丁寧に答える。目標を的確なキーワードやキーコンセプトで表現して訴えていく。

組織の全員がそれに理解と共感を持ったならば、当該目標達成に向かって最大限の努力を傾けることになる。部下にとっては、透明性や開放性もさることながら、納得性が最も重要ではないか。

しかし、言うは易く行うは難し。目標と現状のギャップを認識して、いかにそれを埋めていくか。そのためには、抽象論や精神論を排した、論理的構成かつ段階的計画が絶対不可欠である。さらにそこには、成し遂げようとするリーダーの強い意志の力を加えなければならない。

すなわち、自らサクセス・ストーリーを頭に描いて、自分の言葉でそれを語れなくてはならない。サクセス・ストーリーは具体性と説得性に富んでいて、そして夢がなくてはならない。その夢の実現に全責任を負うことになる。

部下に信頼されるか否かは、ミドルにとって極めて重要な問題だ。困難に直面しても逃げてはいけない。「試練のマネジメント」こそ、自分を鍛えるものである。自身も成長する機会を得たと認識できれば、それこそ一石二鳥。まさに一つのウィン・ウィンの関係を目指そうよ。


いやしくもミドルともなれば、組織運営や経営管理について何らかの持論があってしかるべきであろう。そして、その背景には自身の人間観がなくてはならない。それは「思想」とも言うべきものだ。

現場主義や率先垂範ももちろん大切ではあるが、ただ行動によってだけではなく、行動を支えるミドル自身の仕事哲学や人生哲学によって、リーダーシップは発揮されるのではないであろうか。

しかし、それらは辛酸を嘗めて風雪を凌いで、真剣に仕事と向き合ってきた者にしか授けられてはいない。他者依存あるいは自己本位からは何も得られない。

成果を出していく過程を真剣に考えたときに、何が不足しているか、何が必要か、何が障害であるか等々、浮かんでくる。結論ありきで最初から出来ない理由を並べる輩は、挑戦者としては失格。さらに他者よりも考えて、考え抜いてこそ、取り組むべき課題が明確化してくる。ここからは、意志あれば道あり。ただし、海図なき航海の覚悟も必要。時には引き返す決断もありや。さすらいの航海は困りもの。

上司と部下の最大の相違点は何か。年齢か、経験か、それとも実績か。いや違う。それはある問題に対して解決方法を提示出来るか否かの一点に尽きる。
「私にもわからんよ」「何かいい知恵はないかねえ」「とりあえず何とかしろ」などと言うものなら、「無能上司」の烙印が押されたうえに、信頼感など海底2万マイルまで落ちてしまい、もう二度と失地回復など不可能となる。

100パーセント正しいとは限らないまでも、上司が解決方法や解答への道筋を持っているからこそ、部下はついて来るのではないであろうか。上司の力量は、簡単に測れるものだ。

上司が解決方法を有していない問題を部下に与えたならば、部下は果たしてその仕事に真剣に取り組むであろうか。
「上もわからないんだから、出来なくてもいいや」「適当でいいだろう」「どうせ無理なんだ」などと、意欲的に取り組むことなく安易に妥協してしまうのではないか。

楽をして易きに流れるのは人間の性《さが》。それは、難解な課題を押し付けて「自分で考えろ」と突き放す陰険な教師に対する学生の気持ちと相通ずるものがある。

リーダーが目標達成に向けたプロセスについて情熱を持って語ってこそ、部下は心打たれる。ひたむきに熱く語ってこそ、部下の心は動く。

ミドルの目的意識やモチベーションのあり方で、その率いる組織は大きく変わる。周囲の思惑や打算あるいは嫉妬を知りつつも、構成員全員がそれらを超越した純粋な達成動機を感じ取ることが出来れば、「場の雰囲気」は最高潮。内発的動機に触発されて、リーダーシップとフォロワーシップが相乗効果を発揮する。ゆえに、多少の困難があったとしても、一致団結して克服可能となる。

まさに、「リーダーが優秀なら、組織も悪くない」ことを初めて実感する。

目標達成の暁には、士気を高揚させることもさることながら、集団実現の美酒を振る舞えるミドルとなる。なお、「みんなのおかげだよ」と心底言える感謝の気持ちも忘れずに。

「個」の力を伸ばしながらも、絶えず「全体」と「個」の調和を図り、目配りや気配りを怠りなく。見守るときは、マリア様の柔和な表情で。落ち込んだときは、アロマテラピーのような癒し系。語るときは、ほとばしるアクティブ感覚で。窮地に陥ったときは、ジャンヌ・ダルクの勇猛果敢さで。

風林火山の旗印とはいかないまでも、「動」と「静」を織り交ぜた「さりげないミドル」になぜか魅力を感じるものだ。「この人、上司で良かったな」「この人とずっと一緒に働きたい」と言わせることこそ、ミドルの本懐と言えよう。

学び続ければ自分の価値も上がり続ける

ミドルの口癖の一つに、「近頃の若い社員は挨拶もまともに出来ない」というものがある。

それも事実ではある。だが逆もまた、真なり。一般論ながら「最近のミドルはろくに勉強していない」という印象を受けるのは、私だけであろうか。

かの有名な「グレシャムの法則」をご存知の方も多いであろう。1558年、英国王室財務官グレシャムが国王ヘンリー8世以降の悪鋳を「悪貨は良貨を駆逐する」と指弾したことから、後に命名された法則である。時代は過ぎて、ノーベル経済学賞を受賞したハーバート・サイモンは「計画のグレシャムの法則」を主張した。それは、「日常的な仕事は創造的な仕事を駆逐する」ことである。目前の仕事に流されている状況が半永久的に続き固定化してしまうと、仕事に使われている状態に陥ってしまい、仕事を通した成長は望めなくなるのだ。

若かりし頃、上司や先輩から「忙しい忙しい」あるいは「時間が無くて」などの口癖を、幾度も聞いたことがあるだろう。また、自らもそれらを口にする年齢になったかも知れないが。忙しさにかまけていると、「貧乏暇なし」や「貧すれば鈍す」の牢獄に幽閉されてしまう。それが仕事人生と錯覚してしまうことは恐ろしくもあり、哀しくもある。

変化の激しい時代こそ、過剰適応は危険かも知れない。逆に、論理や理論に基づく思考が求められる。繰り返しになるが、ミドルの宿命は、仕事を通して部下や後輩を育成するとともに、また仕事を通して自己を成長させなければならない。その軽重など問えるものではなく、どちらも手を抜けない重要事項。それは、情熱と誠意をもった教育や指導・支援を通して学生を育てるとともに、自らの研究テーマに真摯に取り組む教師と相通じる。

昨今、コミュニケーション能力の必要性が強調されている。コミュニケーションはまずは聴く能力だとの認識で、居眠りやあくびは論外としても、挨拶、首肯《しゅこう》、アイコンタクト、あいづち、メモをとることなど、とかく外形を整えることの大切さが言われている。

もちろんそれらも大事。

しかし、ただ聴くだけではやらずぼったくりだ。情報化時代だからこそ、価値ある情報は、フェイス・トゥ・フェイスの会話からしか得られない。何事もギブ・アンド・テイクが基本であるならば、双方向のコミュニケーションが成立しなければならない。そのためには、やはり自分自身に話せる中身がないと……ということになるわけだ。

大胆な仮説を打ち立てるならば、コミュニケーション能力は実績と信用が3分の1、知識や教養が3分の1、人間性が3分の1からなるのではないか。これらをトータルした真の実力が無ければ、イエスマンに徹して自己を犠牲にしても、使い捨てられるのが落ち。

他方、「考えるよりはまずは行動だ」という指摘もある。だが、それにはヘッドワークとハートワークの確固たる基盤があってこそ、フットワークの良さが生きてくるのではないか。ケンブリッジ学派の祖アルフレッド・マーシャルの言葉を借りるならば、「ウォームハートとクールヘッド」(温かい心と冷静な頭脳)が必要となる。

ミドルの勉強には二つある。一つは自らの仕事に関する勉強である。過去の経験則や人まねだけでは、自己の仕事力は構築できない。知識習得は大切であり、経営学分野や経済学分野に関する勉強は、継続してこそ効果がある。加えて論理的思考力が必要だ。現状を客観的に分析する場合であっても、問題点を冷静に抽出する場合であっても視点がいる。いわゆる切り口をどのように見つけるかは、感性や直感も必要であるが、それらとて論理的に考えることが出発点となる。考えることを習慣化して仕事の場面で実践していくことが求められる。

まずは、活字を読みながら考えることである。速読も大切であろうが、これぞ、と思う一冊は徹底した読み込みが必要である。そして、要点や論点を整理して、それらを文章化してさらに考えていかないと、思考能力は養成されない。ろくに勉強もしないで忙しごっこに明け暮れるミドルほど、困ったときには「何かアイデアはないか」あるいは「何とか形にしてくれよ」などと、わめき散らしてあわてるものである。そして、成功すれば自分の手柄、失敗すれば部下のせい。極悪非道な上司ここにあり。まさに人罪。

はたまた最後は開き直って、「どうせ俺は先が見えてるからな」「俺は所詮、負け組だよ」「努力すれば認められるなんて言うが、そんなの奇麗事だね」などと、自暴自棄を装って勉強しない言い訳だけは作り上げている。仕事を通して自己を高めていくことが出来ないミドルは、部下や後輩に何も伝えられない。そういうミドルに限って、とかく若手の成長を阻害するものだ。

優勝劣敗の市場競争の中に在る企業社会は勝ち負けであっても、人生は勝ち負けではないだろう。もっと情熱的に、そして誠実に生きろよ、と言いたい。

考えないミドルがいかに多いことか。後輩や部下から信頼を得ようとするならば、論理的に内容を積み上げて情熱をもって説明や説得をすることである。確固たる基盤の上に立ちつつ、勘と運に裏付けされたスピード感あふれたミドルの行動は、魅力的である。

もう一つの勉強は、人格の陶冶に励む上からも教養を身に付けることである。ドイツの鉄血宰相ビスマルクは「凡人は体験に学び、我輩は歴史に学ぶ」と言ったとか。人生を深く生きていくために、そして人間を知るためには歴史を知り、古典に親しむことである。ミドルは時代の潮流を的確に把握して、未来を読む自分なりの仮説を持つこととともに、部下や後輩がいまだ持ち合わせていない判断力、先見性、困難を乗り越えていく勇気、挑戦する気持ちを見せていくことである。いわゆる器量のある人間でなくてはならない。打算を超えて「この人についていけば大丈夫だ」と、部下や後輩から信望を得られれば、ナイスミドルの始まり始まり。活躍の舞台の幕が開く。

現場を熟知することも重要であるが、ミドルには強靭な知的体力が求められる。そのためには、忙しい中であっても継続的に学んでいかなければならない。時間とは、誰もが平等に1日24時間与えられしもの。時間は自ら作り出さなくてはならない。次々に仕事をこなしつつも、読書と思索の時間は確保する。また、メール全盛時代こそ、文章力に磨きをかけなくてはならない。多忙を極めるミドルほど、忙しいなどと弱音を吐かない。

ただし、韜晦《とうかい》こそが日本人の美徳。稔《みの》るほど頭《こうべ》を垂れる稲穂かな。しかし、一朝有事の際には、疾風《しっぷう》に勁草《けいそう》を知ることとなる。真価が問われる場面でこそ、期待通りの結果を出せるミドルでありたいものだ。

常在戦場はおおげさだとしても、普段からの実力養成には抜かりなく。実力的にも人間的にも優れたミドルは、自然と目立つ。無理して自分から大きく見せることもない。本音と建前の距離が限りなくゼロに近い言動が出来るミドルこそ値千金。まさに人財だ。

上を見るより下を見る習慣をつけよ

部下や後輩に叱責や注意あるいは助言をしたときに、予想外の態度や期待はずれの反応に直面したことがあるのではないか。「俺の真意がなぜわからないんだ」「親の心子知らずか」「あいつのためによかれと思ったんだが」「俺の若い頃には考えられないよな」……。落胆するとともに、ついつい愚痴をこぼしてしまう。それは、学生気質が年々変化しているにもかかわらず、過去の経験則や旧来型の指導方法に固執して、学生に対応しきれない自己中心的な教師の悩みと同じ。未来予測はなかなか困難だ。だが、時代の流れに立ち向うためには柔軟性と適応性が必要である。

またまた繰り返しになるが、ミドルの宿命は、仕事を通して自分自身を成長させることと、仕事を通して部下や後輩を育成していくという二正面作戦を遂行していかなければならないことである。

部下や後輩を育てていくには、接触場面を増やすことによって、個人個人の仕事意識や仕事能力あるいは性格を把握していかなければならない。そのためには、やはりコミュニケーションを緊密にしていくしか方法がない。ミドル自身にも鋭い観察眼が必要となる。高等教育機関が一人ひとりに対するきめ細かな教育や指導を標榜《ひょうぼう》する時代である。数字で結果が求められる企業組織では、人材育成は時間との戦いでもあろう。私見ながら、経営環境が厳しいときほど、無駄を省いて人に投資しなければならないのではないか。人材育成へのトップの本気度が試される。

ミドルは、この程度の人間関係の煩わしさから逃げてはいけない。部下や後輩の育成に手間暇を惜しんではいけない。経済成熟化社会の市場が細分化されているように、ミドルは、部下や後輩の気質も多様化していることを再認識しなければならない。一括りで部下や後輩をとらえることは、もはや不可能である。それゆえ、ミドルは何よりも「人間通」でなければならない。人間関係力はやはり人間関係の中でしか鍛えられない。

私のささやかな学生観察に基づいて類推するならば、「上司との関係はあくまでも仕事の上だけであり、私生活にまで立ち入らないでもらいたい」と考える者と、「人生の先輩として、仕事以外にもいろいろと上司には相談相手になってほしい」と考える者とに、まずは大別されるのではないか。この点を見極めることが大切だ。すべてはここから始まる。

教師と学生のけじめなき関係、あるいは親と子の友達感覚的な関係が話題となる昨今、部下との距離をいかに維持するかでは、何より深慮が求められるのではないか。自分から相手の領域に踏み込んではいけない。部下のオフなど詮索無用。過ぎたるは及ばざるがごとし。仕事面に関しても、対話を重ねながら徐々に入っていくことが、ミドルのスキル。

しかし、相手が相談を持ちかけてくれば、自分の時間を犠牲にすることを厭わずに対応すべきである。また、場合によっては、身銭を切って気を遣うことも必要になる。

たとえ自分自身が仕事に忙殺されていたとしても、あるいは自分では部下を叱咤激励したつもりであっても、「俺だって忙しいんだ」「そんなことまでいちいち相談しないでくれないか」「何年仕事やってんだよ」「お前は馬鹿か。そんなこと考えればすぐにわかるだろう」などとは、ゆめゆめ口にするなかれ。たった一言で、その人間関係は、冷戦の象徴であったベルリンの壁と同様の運命をたどる。と同時に、「うちの上司は冷酷無情」と瞬時に配信される。通信社も真っ青だ。

ミドルには、まず時間的余裕と精神的余裕が必要だ。加えてわずかながらの経済的余裕も。多忙であっても仕事の手を止めて部下と向き合って、十分に話を聴く姿勢や態度をとることである。思いやりは単なるパフォーマンスであってはいけないけれども、誠実さに裏打ちされた形で自然に見せることは、部下思いの意思表示となる。

とりわけ女性の部下を育てることは、ミドルにとっての試金石でもある。仕事に真剣に向き合う女性にとっては、次第に活躍の場が広がりつつある。彼女の背中をそっと押してやるのも、ミドルの役目だ。仕事を人生の中にどのように位置付けるかは人それぞれであるが、その人の人生観や価値観が日常の仕事に反映される。意識は正直だ。それは行動に姿を変えて表れる。

旺盛な学習意欲と熱心な受講態度を持ち合わせた学生が、向上心を忘れることなく持続的に勉学に取り組んでいけば、学業成績を伸ばすだけでなく、人間的にも飛躍的に成長していく。教師は、学生の成長を心から願って出来る限りの手を差し伸べる。仕事にも、かような勉学と同じメカニズムが作用する。「求めよ。さらば与えられん」とでも言えようか。

少なくとも真面目にかつ一生懸命に取り組んでいる女性の部下に対しては、目配りと気配りを怠らないことである。同性の先輩にロールモデルが見当たらないときは、なおさら注意深く見守らなければならない。仕事を通して女性の部下を伸ばしていくときには、仕事の結果を見て評価するのではなく、仕事の途中経過を評価することが大切ではないか。少しずつでも進歩の跡が見られるならば、「これまでとは少し違ってきたね」「これで上手くいくよ」「大丈夫。自信を持ってね」などと、その場その場で励ますことだ。ゼミナール学生が卒業論文を作成するときも、指導場面ごとの褒め言葉が完成意欲をかきたてる。

他方、どんな些細な質問や相談にも丁寧に対応すべきである。神は細部に宿る。

まだまだ企業社会は男社会の残滓《ざんし》が多分に存在する。とりわけ、中高年男性とは異なる視点に立った、女性特有の感覚や印象から生じた疑問や問題提起には、要注意。いわゆる「女の勘」は鋭い。これらに気づくことはミドルの感性。その背景を探りつつ、一定の方向性なり、一つの解決方法なりを提案してあげることだ。もしそれで成功したならば、本人の成果として大いに賞賛してあげればよい。たとえ失敗しても、冷静に話し合って勇気づけて、共に次の方法を考えてやる。何よりもフェイス・トゥ・フェイスのコミュニケーションが大切。ヘルマン・ヘッセの『東方巡礼』に登場するレオとまではいかなくとも、これぞまさしくサーバント・リーダーの生き方。やはり結果は後からついてくる。また、「鶴の恩返し」のように、いずれの日にか助けてもらうこともあろう。

意思疎通は「まずは無礼講から始めようじゃないか」と、アフターファイブの形骸化した飲みニケーションなどを突然発案しても、無意味。ましてやその場で、仕事上の説教をネチネチする、あるいは自己の結婚観や家庭観を一方的に押し付けようものなら、総スカンですよ。

多少の距離感があったとしても、日常の仕事に関するコミュニケーションの質と量が決め手となる。普段は一見クールであっても、ここ一番部下への熱き思いを言動で示すミドルこそ、人望と信望が集まるものだ。ミドルには部下のプライベート・タイムを尊重しながら、自己のプライベート・タイムは犠牲にする覚悟がいる。ミドルは上を見るより下を見よ。ただし、上から目線の対応に陥らず、相手の目線に合わせることだ。ミドルの眼は並行棒の位置にあり、望遠鏡と拡大ルーペ、そして顕微鏡を併せ持つ。老眼鏡だけでは物足りない。

「会社員」から脱皮して「仕事人」として認められよう

良くない意味で「会社人間」とは何かと問われたならば、会社勤めの経験のない筆者からは二つの答えを提示したい。

一つは、「滅私奉公」とか「一社懸命」などの言葉に象徴されるように、会社のためという大義名分を振りかざして、実は仕事にこだわるよりも、組織にあまりにも深く関与している者である。もちろん家庭を顧みることもない。アメリカの経営学の大家であるチェスター・バーナードは、組織で働く人間は「個人人格」と「組織人格」を併せ持つと説いた。バーナード流に言えば、まさに個人人格よりも組織人格が支配的な者であろう。社会や市場とは隔絶した職場の組織風土の深淵に溺死寸前まではまり込んでいる。また、それを無自覚に肯定している面もある。

それゆえ、仕事動機においても、昇進あるいは昇給といった外発的動機が中心となり、自己変革は絶望的である。慣れは恐ろしく、意識を固定化してしまう。また、過去から踏襲される思考方法や行動様式は、無意識のうちに組織の常識となる。

もう一つは、組織内の特定の人間関係だけの狭い世界に閉じこもって、組織外の人と交流することが皆無な者である。

これはミドルに限ったことではない。むしろ近年の若手社員にも多く見られる現象であるかも知れない。若手社員たちは、上司や先輩とは仕事だけの表面的な付き合いで良しとして、可能な範囲で古き日本的慣習は排除する。そして、同期社員や若手グループだけで固まって、アフターファイブはほどほどに楽しむ。

いくら多忙であっても時間は生み出すものであるから、要は自ら積極的に外に眼を向けないだけのことである。人間関係は煩わしさを伴うことも、また事実。それゆえ、小さな世界で生きることは気楽であろうし、安住すれば心地よいかも知れない。だが、果たしてそのような状況から自己成長が可能なのであろうか。

ミドルはこれまでの悪しき旧来型「会社人間」と決別して、新たなる「仕事人」としての生き方を有言実行、身をもって示すべきである。この仕事人は、「新組織人間」と「脱内向き人間」との性格を併せ持つ。

外発的動機に背中を押されて組織に服従し、ただ単に仕事量や目先の仕事成果にだけ眼を奪われることから、脱却することである。

あらためて言う。時代は、「生きがい」の時代から「生き方」の時代へと移り変わりつつある。当然のことながら、各人の人生観や価値観は、その働き方や仕事に取り組む姿勢に反映されるものである。ミドルは、仕事の完成までの過程を大切にするとともに、仕事の質にこだわるべきだ。そういう意味では、職人的気質が必要か。


革新的ミドルは、純粋に仕事に熱中することが求められる。社内政治には、我関せず。上役に媚びへつらい要領よく泳ぎ回る社内遊泳術の達人は反面教師。小賢しい計算を立てる輩の嫉妬や陰口も意に介さず。思惑と打算を超越して、誠実かつ丁寧に仕事に取り組むミドルの姿は魅力的だ。

この意味での「会社人間」すなわち「仕事人」が、困難な仕事でも一定の成果をあげて、結果的に組織に貢献することになる。

しかし、残念ながら、それが評価されるか否かは別問題である。だが、不条理や矛盾が人間を強くし、仕事に対する忠誠心と勤勉さは、自分自身の貴重な財産となる。それこそ、まさに生きる力。

ミドルは、内発的動機を大切にする仕事への取り組み方を実践していくことである。仕事のモチベーションは、やはり仕事でしか引き出すことは出来ない。

強い「個」としての自律的社員が求められる昨今、ミドルの真髄は、「個を殺すチームワーク」ではなく、「個を生かすチームワーク」を実現して、部下自らがモラールを高める状況あるいはワーク・モチベーションを最大限に引き出していける状況を作ることである。

さすれば、自ずから求心力が働くとともに、強い個の相乗効果によって成果につながってくる。ただし、部下への感謝と労《ねぎら》いの気持ちを忘れないことであり、その気持ちは必ず形に表すことだ。

教師が自らの研究・教育活動を通して、学生に学ぶことの喜びを見せることと同様に、仕事を通した達成感や充実感を部下や後輩に見せることこそ、ミドルには必要だ。仕事の醍醐味や面白さは仕事現場でしか味わえないことや、仕事を通して成長に向けて「脱皮する」ことの手ごたえを部下や後輩に体験させることが大事だ。ささやかな成功が自信につながる。それが、自己成長へのテイク・オフ。ロールモデルとはいかないまでも、自らの取り組みから何かを感じてもらえることが出来たら、それはミドルの喜びではないか。

部下や後輩の内向き志向を転換させるために、ミドルは、外部ネットワークの意味と効用を実感させなければならない。そのためには、ミドル自身が豊富な人的ネットワークを有し、かつそれを充実・拡大させていかなければならない。

ミドルは、業種や職種を超えて、年代を超えて、地域を越えて、外の世界を広げていくことの魅力を見せていこうではないか。視野を広げようとする向上心や、仕事以外の分野にも多少なりとも興味や関心を持つ者にとっては、刺激になるのではないか。語弊はあるが、メリットがあると納得して、相談や質問が出てくればしめたもの。そのとき初めて自己の経験に基づくノウハウを提供すればよい。

人脈という言葉の響きには、自分に都合よく利用するというある種「ソロバン勘定」の影が付きまとい、多少なりとも抵抗感はある。しかしながら、豊かな人的ネットワークを持ち続けることは仕事生活のみならず、自分自身の私生活においても必要不可欠である。経営評論家の江坂彰氏のように、ポスト工業化社会を知識情報化社会と呼ぶならば、金持ちがすべてではなく、それと同等いやそれ以上に「人持ち」が求められるのではないか。作家の堺屋太一氏が書き残した、将来の「好縁社会」を生きることの条件は、まさに「職縁社会」の生き方が原点ではないか。

人的ネットワーク構築には、相手から好感を持ってもらうことが第一である。それゆえ、ミドルは部下や後輩に対して、優しさと誠実さを基本としつつ、社会常識とビジネスマナーを踏まえて、自分の「金と時間と気」をつかうことの大切さを教えなければならない。

さらに人的ネットワークを拡大していくためには、布石行動と投資行動が必要だ。何事も手間暇を惜しんではいけない。これらは、ミドルの教育力を測る物差しでもある。

東洋思想の教えによれば、「意識は行動を作り、行動は習慣を作り、習慣は人格を作り、人格は運命を作る」という。その気になれば、今すぐやれる。

タチの悪い上司を無難に見限る方法

会議終了後に「余計なことばかりしゃべって、会議を仕切れないんだよなあ」「コロコロ方針が変わるねえ」「八方美人はいい加減にして欲しいよ」「腹の括れない優柔不断な人か」などなど、ミドルとして組織の中で働いてきた者ならば、上司への恨み節として、少なからずこういう言葉を心の中で叫んだことがあるのではないだろうか。

上司から質問をされたり、意見を求められたときには、ミドルは上司の考え方や意図をよく理解した上で、提案や意見具申をする。上司と意見の一致を見る場合もあれば、異なる場合もある。異なる場合には、上下関係をわきまえつつ、理由や根拠を示して論理的に説明して理解を得る努力をする。当然のことながら、上司の感情を害することにならないように、言動には細心の注意を払わなければならない。人間は感情の動物。これらの具体的手段はスキルとも言えよう。そうであるならば、意識して努力すれば身につくものである。

ところが、前述したようなことがまま起こる。修正を加えて最終方針を確認して、上司が理解あるいは賛同してくれたと認識して、「よしこれで行ける」と、仕事が一歩前進した、あるいは改善や改革に着手出来ると思いきや、あに図らんや。打ち合わせや会議の場で「何言ってるの。おいおい違うよ」と呆然《ぼうぜん》としても、後の祭り。

ワンマンコントロールとリーダーシップを履き違え、自説や持論に固執して聴く耳を持たない上司に対して、いくら正論を吐いても通らない。ましてや、権限や肩書きを笠に着て「威張る・怒鳴る・拗ねる」の三拍子揃った非人間的な無能者ならば、情や思いやりとは無縁ゆえに、とうに人心は離れている。

ただ気を付けなければならないことは、有能なミドルに嫉妬する無能上司は、私利私欲のために陰湿に権限を行使してくることである。多勢に無勢と同じ理屈。負ける戦はしないこと。Uボートのように深く静かに潜航せよ。ひたすら人事異動に期待しよう。周囲から嘲笑されるようなお追従まですることはないものの、ただ面従腹背あるのみ。この撤退戦は極めて簡単だ。この手の上司はすぐに外形的に見抜くことが出来る。思い切って見限ってしまえ。賢いミドルは馬鹿な上司をやり過ごす。

また、自らの誤りや非を絶対に認めない上司、そして責任をミドルに転嫁する上司にも気を付けよう。いったん事が起これば、その本性が露呈する。このような上司には、マンツーマン・ディフェンスでは防ぎきれない。ゾーン・ディフェンスで対処する。周囲と手を組んで、万里の長城よろしく集団防御体制の構築を。言った言わないなどの不毛な衝突を避けるべく、仕事の経過や結果については、複数の証人を置きつつ報告・連絡は欠かさずするも、しばし手を携《たずさ》えての籠城といこうではないか。同僚・部下・後輩との人間関係が大切となる。ここ一番、仕事を通した普段の信頼の積み重ねが威力を発揮する。正直は最善の策か。

タチが悪い上司にはいくつかのタイプがある。私のほろ苦い教員人生経験に基づいて挙げてみたい。

まずは聴く振りをする上司だ。普段は饒舌すぎるほど饒舌で、一見、物わかりのよさそうな雰囲気がある。自分に実力と人望があると錯覚しているために脇が甘い。ゆえに、意外にオープンに話が出来る。この手の上司を見抜くのはやっかいだ。自分と同じ考えならばスムーズに話が進む。ただし実行力は別物。しかし、器量に比べてプライドが大き過ぎるゆえに、直言や諫言《かんげん》を謙虚に受け入れることが出来ない。甘言だけはウェルカムにもかかわらず。ましてや自分にとって都合の悪い意見や苦言となると、受け入れはさらに困難となる。高圧的態度や威圧的な言動は皆無であるが、端々に自己過信の片鱗が見え隠れする。徐々に立ち位置が高くなってくる。「俺はお前より優れているんだぞ」と言わんばかりの人脈や過去の成功体験を披瀝し始め、物の見方や取り組み方で優越感を持とうとする。だが、本質を突く意見や実態を踏まえた分析にさらされると、急に寡黙になる。心中さぞ葛藤が起こっているのであろう。ましてや己の不徳の致すところ、あるいは自らの不手際などを指摘されると、もともと小心者からか、うつむき加減になる。

次に、軽々に個人名を挙げて、同じことについて他者に意見を求める上司がいる。上司から呼ばれたり、事のついでに意見を求められたり、あるいは相談を受けたりした場合には、仕事に情熱と誠実さで向き合っているミドルほど、真剣に考えて意見を述べるものである。それを上司が受け止めて、腹に収めるものであろう。もちろん取り入れるか取り入れないかは、上司の自己判断による。ところが、である。その後に「○○君はこう言っているのだけれど、どうだろうねえ」「○○君の意見でもあるのだが、私としてもねえ……」「○○君から強く言われたんだが……」などなど。これは単なる軽口か否か。自信のない上司か、それとも疑い深い上司か。さらに問題なのは、同僚から「君がそう言っていたよと、上から聞いたよ」と言われる場合である。「俺を信用していないから、いろいろ他に意見を求めるのかな」「一人だけ取り入って話をしているととられるのは不本意だ」と、不愉快な思いをすることになる。単なるおしゃべり上司も、ここまでくれば始末が悪い。まともな話はうかつに出来ない。当たり障りのない話でお茶を濁すしかない。事実上の沈黙である。

そして、現場主義を錯覚している悪乗り上司がいる。もちろん「事件は現場で起きている」のであって「会議室では起きていない」のだから、現場を大切にする姿勢は必要だ。しかし、それは、上司が思いつきで現場を回ればよいと言うものではない。付き合わされる多忙なミドルの身にもなって欲しい。ましてや、中途半端な理解や断片的な事象に基づいて判断を下されたならば、ミドルはたまったものではない。生兵法は大怪我のもとだが、本人だけでなく他者を巻き込むと困りもの。真に優秀な上司ならば、仮説を立てて現場に足を運び、現場の思いや声に注意深く耳を傾けて、そして対話して検証する。ここから改善や改革が始まる。単に現場に迎合するのではなく、実態を踏まえた論理的構築が可能となる。おおよそ人の上に立つ者には、フットワークとともに、ヘッドワークとハートワークが不可欠である、とあらためて言いたい。

リーダーシップを発揮するには、フォロワーシップが何よりも必要不可欠である。まさに両者はコインの裏表の関係だ。「この上司の下で仕事を通して一皮むけたい」あるいは「この上司に仕事を通して鍛えられ育てられたい」と思われなければ、部下や後輩は、心底ついてこない。面従腹背が百鬼夜行する組織となる。

はたまた、上司の立ち位置が定まらないと、漂流状態。「さすらいの航海」。決定したと思ったら、会議終了後に「あそこまでする必要があったかな」「こちらの方が良かったかも知れないなあ」などと後悔の弁を吐露する。上司自ら迷いがある状態では、現場のモラールは上がらない。死んだ子の歳を数えることは止めて欲しいものだ。さらにこの迷いを、不満ながらも決定に従った部下や後輩に漏らすならば、何をかいわんや。支えた者との信頼関係の維持は不可能となり、求心力の低下は必定。その結果、リーダーシップの発揮とはおおよそ無縁の、混乱と離散の状況が出来上がってしまう。挙句の果てに、優秀な部下ほど馬鹿な上司を見限ることとなる。

小なりといえども組織を率いる者ならば、上司たるもの明確な判断基準を堅持して、ぶれないことである。加えて、自分自身の言葉を直接発するべきである。自らの血肉になっていない言葉や装飾を施し過ぎた表現は、聴く者の心を打たない。人は心で動く。そのためには、説明・説得の技術、聴く耳、決断力と実行力が求められる。

要するに知識や見識だけでなく、いわゆる胆識がいる。ここ一番は度胸だ。責任はすべて自らが負うという覚悟を持って、最後には衆議独裁で結論を下すことになる。孤独な決断であっても、それは職責にあるものの運命。これとてノブレスオブリージュの類か。

戦時においては強いリーダーが必要とされるように、上司にも時代性があるのではないであろうか。かの有名なフランスのモラリストであるラ・ロシュフコーは「人の偉さには旬がある」と言った。果たして上司にも、賞味期限がありや否や。「地位にも旬がある」のかも。鮮やかなる引き際を見せるのも、リーダーとしての最後の演出ではないか。高杉良『あざやかな退任』は示唆に富む。

共に仕事をすることは、共に生きることである

『君主論』で有名なマキャベリは言う。

「聡明な君主だけが、適切な助言を受け入れる」

トップが無知・無能ならば、ウォー（War）には必ず負ける。

優秀なミドルが、どんなに現場のバトル（Battle）で善戦しても結果は同じだ。とはいえ、現場指揮官の立場としては、そこにベストを尽くし、トップがそこまで馬鹿ではないことを祈るしかない。

無理難題の押し付けあるいは曖昧模糊《あいまいもこ》とした指示があっても、熟考して咀嚼《そしゃく》して、いかに現場に具体的かつ的確な指示を出せるか否か、そして着実に実行していくことが出来るか否か、この点に尽きるのではないか。それは、どのように部下や後輩を動かしていけばよいか、あるいは動いてもらえばよいか、ということに帰着する。自分の思い描く方向にチームやグループを持っていく。一丁やってやろうよ。ここは、仕事を愛する醒《さ》めた情熱家のミドルの出番だ。

ミドルとしての真価が問われる正念場では、部下や後輩は、ミドルの一挙手一投足を凝視している。まずは、挑戦する姿勢を見せることだ。出来ない理由を並べ立てたり、敵前逃亡を企てることは言語道断。はたまた周章狼狽も見苦しい。まさに鼎《かなえ》の軽重が問われることになる。雌伏の経験を糧にして、知的消耗戦やビジネスの修羅場を必死で生き抜いてきたか否かが、分岐点となる。優柔不断なミドルや八方美人なミドルは、お呼びじゃない。

「自分ならこうするが」「こちらの方がベターなのでは」と、普段から問題意識を持って仮説と検証に取り組んできているミドルならば、乾いたタオルを絞るかのように考え抜く。さすればブレイクスルーの秘策あり。率いる組織構成員に対する情報の共有化と納得性を速やかに実現すべし。それはある種、知的・感情的な自己成長への道程とでも言えようか。

小なりといえども組織を率いるミドルには、説明と説得の技術が求められる。縁あって共に仕事をしていくことは、共に生きること。そのことを日々浸透させているならば、困難に挑戦するミドルの熱き思いは必ず全員に通じるのではないか。

仕事のインセンティブがそれぞれ異なっていても、日常築き上げてきた信頼関係の基盤に立って、EQ満載のコミュニケーション能力を駆使しつつ、「私の目標」を「私たちの目標」に変えていくことである。

一定の同様な内発的動機を組織構成員全員に持ってもらうことである。言い換えれば、階層間連携と世代間連携の相乗効果を生み出すことでもある。

「教師が優秀ならば、学業も悪くない」ことを学生に実感させるように、「リーダーが優秀なら、組織も悪くない」ことを、あらためて部下に体感させようではないか。

働き方は一様でなくとも、そこでは働く意味が共通に認識されるのではないか。

あとがき

偉大な哲学者バートランド・ラッセルは、「仕事が、幸福の原因のうちにおかれるべきか、あるいは不幸の原因のうちにおかれるべきかは、難しい問題にみえるようだ」（片桐ユズル訳『バートランド・ラッセル著作集6　幸福論』）と述べている。

教員人生の黄昏を迎えて我が身を振り返るならば、その言葉の意味をしみじみ噛み締めるようになった。

私事で恐縮ではあるけれども、私自身はこれまで、教員としての職業人生しか歩んでこなかった。企業勤務経験は全く無い。ある意味閉鎖的な教育現場しか経験していない一介の私学教員が、学生の就職支援、あるいはインターンシップ事業やキャリア教育に長年かかわってきたことが縁で、昭和の昔から現在に至るまで、企業の経営者や管理職の方々にご交誼をいただいてきた。生来の好奇心からか、実際の職場に足を運ぶことも多く、新鮮な刺激を受けてきた。企業の世界についても見るものは見て、聞くものは聞いてきたのではないかと自負している。

自身はほろ苦い教員人生ではあったが、一般的に仕事人生においては、ミドルエイジが最も輝く時代だと思う。人生の充実度は、ミドル時代の生き方に大きく左右されると言っても過言ではないだろう。仕事に向かう姿勢や仕事に対する取り組み方に、ミドルそれぞれの価値観や人生観が投影されることは、紛れも無い事実だ。甘いと言われればそれまでだが、企業人と仕事を話題にしたとき、中間管理職であるミドルが組織の中で、仕事という名の「作品」を協働で丹精込めて作り上げていく醍醐味は格別ではなかろうかと、幾度もなく感じたものだ。「課長の立場で仕事をやりながら自らを磨き、高めることで、課長として一人前になる」（西川善文『仕事と人生』）ことを実体験したいと思ったこともあった。

企業社会を俯瞰できる立場で見てきた私は、人を育て、組織を活かすことこそミドルリーダーの本懐であると信じて疑わない。言い換えれば、教育・研究の場である大学という狭い世界に身を置いてきた者としては、ミドルが活躍するビジネス現場は眩しかった。それゆえ、理想的なミドルリーダー像について、上下左右、タテヨコ斜めから聞いてきた意見をケーススタディに練り上げ、面白さを加味した駄文を認めたいと考えるようになった。

長年にわたってご厚誼を賜ってきた（株）紀伊國屋書店常務取締役市川晶裕氏（当時）の叱咤激励とお力添えをいただいて、二〇〇九年四月に『ミドルの仕事論―人を育て、組織を活かす』を、二〇一一年四月に『インターンシップの現場から見た仕事論―働く意味を考える』を、それぞれ出版することが出来た。拙著は意外にも好評で、企業研修での参考図書や大学ゼミナールの教科書として活用されることもあった。とても有り難いことであった。最近では、再版希望のお声を多数頂戴していた。

このたび、前述の二冊が、加筆・修正を加えた上で、再構成したビジネス書として生まれ変わり、ここに上梓させていただくことが出来た。今回も、同取締役副会長市川晶裕氏に仲介の労をお取りいただいた。ビジネスは門外漢である老教員が、あまたの人気ビジネス書を世に問うているPHP研究所から出版の栄に浴し、まさに望外の喜びである。氏に深謝申し上げる次第である。

この「リーダーが優秀ならば、組織も悪くない」という書名は、映画『踊る大捜査線THE MOVIE 2レインボーブリッジを封鎖せよ！』に登場する台詞から拝借したものである。この映画こそ、「人から成り立つ組織における仕事の在り方」を学ぶことができる稀有な作品である。教室で展開される形骸化したキャリア教育よりも、はるかに実践的教育に資する生きた教材であると確信している。百聞は一見に如かず。

湾岸署管内で発生した殺人事件の捜査を巡って、真矢みき扮する沖田管理官は、命令と統制に基づく指揮によって所轄捜査員を押さえ込もうとするも、結果的に捜査態勢が崩壊してしまう。代わって、柳葉敏郎扮する室井管理官が態勢立て直しを図るべく、所轄捜査員に権限委譲しつつも報告を厳守させる指揮によって現場力を最大に引き出そうとする。織田裕二扮する青島刑事ら捜査員のワークモチベーションが引き出され、捜査本部全体のモラール（士気）も高まっていく。逃走中の被疑者グループがレインボーブリッジで、「おれたちの組織にはリーダーなんかいらない、究極の組織なんだ……」と挑発すれば、青島刑事は「リーダーが優秀なら、組織も悪くない」と反論する。上司と部下の信頼関係が強固であってこそ初めて発せられる言葉であると、感動した名場面だった。室井管理官は格好のロールモデルと言える。たとえ映画の世界であっても、理想のミドルリーダーに出会えたことは幸せだ。

最後に、煩雑な編集作業にご尽力いただいたPHP研究所の大久保龍也氏に心からお礼申し上げたい。今回の本づくりの中で、私自身も大いに刺激を受け、学びに終わりなしを再認識した。感謝は尽きない。

拙著が読者の方々に多少なりともお役に立つことが出来るならば、幸甚である。

二〇二一年七月一日

平岡祥孝

〈著者略歴〉

平岡祥孝（ひらおか・よしゆき）

1956年、大阪生まれ。北海道大学大学院農学研究科修士課程修了。九州大学博士（農学）。専門は農業経済学。静修短期大学（現札幌国際大学短期大学部）、北海道武蔵女子短期大学、札幌大谷大学短期大学部の勤務を経て、現在、札幌大谷大学社会学部教授。

学生の就職支援やインターンシップ事業に長年かかわる。教育論や仕事論などをテーマに講演や高校出張講義など多数。

2001年、『英国ミルク・マーケティング・ボード研究』（大明堂）にて日本消費経済学会 学会賞受賞。その他著書に、『ミドルの仕事論』、『インターンシップの現場から見た仕事論』、『北海道再建への戦略』（編著）、『「それでも大学が必要」と言われるために』（編著）がある。

「北海道新聞」水曜夕刊コラム「平さんの異論・暴論・青論」を執筆中。

リーダーが優秀なら、組織も悪くない
チームの成果を最大にするミドルの力

2021年8月19日　第1版第1刷発行

著者　平岡祥孝
発行者　後藤淳一
発行所　株式会社ＰＨＰ研究所
東京本部　〒135-8137　江東区豊洲5-6-52
出版開発部　☎03-3520-9618（編集）
普及部　☎03-3520-9630（販売）
京都本部　〒601-8411　京都市南区西九条北ノ内町11
PHP INTERFACE　https://www.php.co.jp/
組版　朝日メディアインターナショナル株式会社
印刷所
製本所　凸版印刷株式会社

ISBN978-4-569-84949-2